I0705324

selfart

Independently published

Questa ricerca, frutto di un'esperienza sul campo che mi ha portato a contatto diretto con il cuore pulsante dell'educazione, mi ha permesso di comprendere l'importanza di offrire a ogni bambino la possibilità di realizzare il proprio potenziale. È un invito a riflettere sul ruolo cruciale dell'educatore e sul valore dell'accompagnamento pedagogico.

Le sfide e le soddisfazioni vissute in Brasile rimangono oggi più rilevanti che mai, sollecitando una rivalutazione delle pratiche educative.

Dedico questo lavoro a tutti coloro che, in ogni parte del mondo, credono fermamente nel potere trasformativo dell'educazione per costruire un futuro più equo e giusto.

Patrizia

San Michele di Pagana, settembre 2024

Patrizia Ercole

Presenze che educano

Un'esperienza nelle favelas di São Paulo

Prima edizione Pocket: settembre 2024
San Michele di Pagana, Rapallo (Genova) Italia

ISBN edizione cartacea: 9798337848013
Pubblicato in modo indipendente

patriziaercole@gmail.com

https://sites.google.com/site/patriziaercole/

https://www.facebook.com/Patrizia-Ercole-605392329483163

Progetto grafico e copertina: Regina Eracle
Foto di copertina di pixaoppa da Pixabay
https://pixabay.com/

Sommario

Un'esperienza nelle favelas di San Paolo.

Questo sottotitolo porterebbe a pensare che la realtà descritta in questa ricerca- esperienza sia collocata in un mondo lontano da noi, in luoghi e situazioni a noi estranee. È stata una sorpresa scoprire quanta attualità ci sia in queste pagine. Per molte ragioni.

Nel mondo lo stato delle persone minori di strada non è certo migliorata; anzi proprio nei nostri opulenti paesi occidentali, compresa l'Italia, le condizioni socio-economiche sono tali da aver aggravato la portata del fenomeno. La precarizzazione del lavoro negli ultimi decenni ha ampliato la platea di coloro i quali non riescono a garantire a sé stessi e tanto meno ai loro figli una crescita dignitosa e fertile di futuro.

La profondità dei concetti pedagogici e metodologici qui espressi è tale da rendere questa esperienza uno scrigno di perle preziose, da raccogliere e annoverare nel bagaglio della preparazione professionale di ogni insegnante. Non sembri forzoso accostare le esperienze di educatore di strada qui descritte ai problemi di fronte ai quali si trovano anche molti insegnanti che operano nelle classi "organizzate" o "formalizzate".

Prioritariamente Patrizia evidenzia la peculiarità della condizione delle persone minori di strada, private nel soddisfacimento dei bisogni primari: cibo, tetto, sicurezza. Chi vive in strada è nudo nelle sue fragilità, spesso sottoposto a violenze che ne minano la sopravvivenza fisica e psichica.

E, partendo da queste premesse, si descrivono i metodi (Paolo Freire e Don Giovanni Bosco) per raccogliere e ricomporre queste fragilità, in un progetto che faccia intravedere a queste persone una luce di speranza per cui valga la pena di rimettersi in gioco. Patrizia delinea la personalità dell'educatore di strada; la sua capacità di rispettare, di accogliere, di mettersi al servizio, di condividere il dolore, di stimolare le energie positive da far emergere anche nelle situazioni più negative.

La relazione è il punto chiave di ogni possibile contatto con persone minori private di tutto, anzi segnate da modelli violenti e distruttivi. Nulla potrà nascere o rinascere senza costruire con ciascuna di esse una relazione di ascolto reciproco, di fiducia, di accoglienza, per avviare la riparazione delle ferite.

Una relazione positiva presuppone educatori che sappiano con generosità immergersi in mondi diversi, con amore, convinzione e credibilità. Lo stato d'animo dell'educatore è tanto più efficace quanto più il linguaggio del corpo aderisce ai sentimenti di cui sopra.

Una relazione sana include l'educazione alla libertà che scaturisce dal rispetto delle culture altre, oltre che dalla specificità di ciascuna persona. Si comprende come ognuno "cresce solo se sognato" (Danilo Dolci); e una persona può sentirsi sognata se viene innanzitutto accolta per quello che è.

Si comprende come la scuola della strada sia necessariamente costruita sulle opportunità concrete che l'ambiente stesso offre, cucita sulle ferite di ciascuno, agganciata ad obiettivi percepiti da subito come promozionali e gratificanti. Si distingue qui la scuola formale delle classi organizzate dalla scuola non formale della strada, evidenziando i punti di forza di quest'ultima.

Leggendo le metodologie messe in atto in questi contesti deprivati, non ho potuto fare a meno di richiamare il progetto dell'UNI di Genova "Bambini maestri realtà", partito negli anni 80, cui ho partecipato come ricercatrice per 20 anni, progetto pensato per le nostre classi organizzate.

La scuola che spesso parte dal formale e realizza un insegnamento prevalentemente trasmissivo, è un *vulnus* enorme nei confronti di un gran numero di persone; avvantaggia chi non avrebbe bisogno a danno di chi è meno attrezzato, a causa dell'ambiente di provenienza, culturalmente povero. Si può e si deve creare un anello di significato che colleghi il fare al pensare: dal gesto pensato finalizzato significativo... alla formalizzazione... attraverso la parola. È riconosciuto ormai dai maggiori pedagogisti che la formalizzazione di un concetto si colloca a valle di un processo di osservazione, problematizzazione, ipotesi, discussione e confronto con i pari e con le fonti ufficiali del sapere.

La scuola di strada ha tracciato, approfondito, verificato, modi attraverso cui è possibile rispettare questi principi metodologici di base. Ogni insegnante, in questa accurata ed ampia ricerca, può trovare stimoli, modi e strade nuove per creare quel legame fra realtà e necessità di stabilizzare gradualmente le "forme" delle conoscenze.

Inoltre molte esperienze qui proposte rendono possibile un recupero efficace non solo in ambienti di strada, ma anche nelle nostre classi in cui molte persone minori presentano qualche aspetto di deprivazione comune a quelle di strada. E ancora: l'esperienza dimostra che anche le persone minori più fortunate si giovano maggiormente di un approccio concreto che conferisce dall'inizio motivazione e significato al loro operare.

Il percorso qui delineato acquista ancora più valore proprio perché costruito in un ambiente- limite, in situazioni difficili che hanno forzato la creazione di approcci più efficaci ed inclusivi per tutti.

Ricordiamo che "la disuguaglianza danneggia la democrazia". (Vittorio Lingiardi psichiatra-psicanalista).

Carmen Rubini

*Ensinar
é um exercício
de imortalidade.
De alguma forma
continuamos a viver
naqueles cujos olhos
aprenderam a ver o mundo
pela magia da nossa palavra.
O professor, assim, não morre
jamais...*

Rubem Alves

[Insegnare è un esercizio di immortalità. In qualche forma continuiamo a vivere in coloro i cui occhi appresero a vedere il mondo per la magia della nostra parola. Il professore, così, non muore mai[1]...]

Prefazione

Questa ricerca vuole porsi come stimolo per una riflessione sull'educazione dei *ragazzi di strada*. Il punto di partenza è la mia esperienza di volontaria internazionale con l'ONG VIDES[2] nelle favelas di

---

[1] Trad. it. nostra. Si veda Rubem Alves *A Alegria de ensinar*, Papirus Editora, Campinas SP 2000, p. 5. São textos que dizem a alegria e o sofrimento da relação pedagógica; as missões (im)possíveis dos educadores e dos professores. São reflexões sobre a vida, a beleza, as crianças, a pedagogia. São um modo de fuga ao labirinto pós-moderno em que nos vamos perdendo. Traduzione it. nostra.

[2] Volontariato Internazionale Donna Educazione Sviluppo/*Volontariat International Femme Education Developpément* Sede Legale Internazionale - 12, rue Lowet 1083 Bruxelles Ganshoren (Belgique). Il VIDES è un'associazione internazionale di volontariato che si ispira al progetto educativo salesiano. Una ONG con statuto consultivo presso le Nazioni Unite, associata al DPI (Department of Public Information) delle Nazioni Unite. Sito internet http://www.vides.org/

São Paulo (Brasile) come educatrice dei *meninos de rua* che frequentano il *Centro Comunitário "Oscar Romero"* dove da oltre trent'anni viene svolta attività educativa utilizzando la pedagogia salesiana[3] e mantenendone viva la spiritualità anche attraverso la formazione permanente degli educatori. Uno spunto legato alla *pratica educativa*, ad un *saper fare* che ha come retroterra le teorie pedagogiche apprese nei due corsi di laurea[4] da me seguiti in questi ultimi cinque anni, ma che si nutre anche dell'esperienza sul campo.

In parte questa ricerca è per me anche un'occasione per riflettere sulle ragioni della mia scelta professionale: *essere educatrice*. Sulla figura dell'insegnante nella tradizione pedagogica esiste un'amplissima letteratura, mentre è difficile individuare e descrivere identità, funzioni, ruolo sociale, azione, caratteristiche che dovrebbero connotare la figura di un "buon educatore". È ancora in corso di formalizzazione teorica l'idea di una Pedagogia della presenza[5], che per certi aspetti riconduce all'immagine dell'insegnante nella società ellenistica dove il compito dello schiavo (*pedagogo*) consisteva nell'accompagnare il ragazzo nel tragitto da casa a scuola e anche in altri luoghi. Lo aiutava ad

---

[3] Don Bosco ha chiamato «salesiani» i membri della sua congregazione, riferendosi a S. Francesco di Sales (1567-1622), vescovo di Genève e Annecy, che per lui era un esempio e una fonte di ispirazione.

[4] Mi sono laureata in Scienze pedagogiche e dell'educazione, con una tesi su *Educare alla teatralità*, presso l'Università di Genova – Scienze della Formazione il 22 settembre 2005.

[5] Pedagogy of presence, si vedano gli studi attuali di Eleanor Lohr *A Pedagogy of Presence*, page 257 consultabile on line http://people.bath.ac.uk/edsajw/lohr.shtml.

assolvere gli obblighi scolastici, gli ripeteva la lezione. Inoltre, era incaricato dell'educazione del fanciullo standogli vicino per tutta la giornata, l'iniziava alle buone maniere e alla virtù, gli insegnava a comportarsi nel mondo e nella vita, vigilava sui suoi costumi. A lui era affidata tutta l'educazione morale. La tutela del pedagogo durava dai sette anni circa, quando il fanciullo entrava in età scolare sottraendosi alle cure della madre e della nutrice, fino all'adolescenza. Pertanto lo schiavo era ben più importante del maestro di scuola che insegnava a leggere e scrivere.

La metafora dell'accompagnamento richiama l'idea dell'educatore che accompagna il bambino, il ragazzo o l'adulto nel percorso della sua esistenza. Sceglie di accostarsi per un tratto breve o lungo della vita di un altro, di accoglierlo, di mettersi in relazione percorrendo insieme una strada, nel rispetto dei suoi tempi, l'uno accanto all'altro. In un certo senso, l'educatore si mescola al gruppo e cammina insieme. È evidente che la capacità dell'educatore non si colloca sullo stesso livello dell'altro (= essergli simmetrico), perché solo la differenza consente di poter accompagnare.

È sottesa una concezione della vita come un viaggio, un percorso, un cammino inesplorato per entrambi (educatore e educando), nel corso del quale si condividono le incertezze, le difficoltà della vita, un futuro ignoto. Quest'avventura inedita è occasione di continua trasformazione, crescita interiore della propria umanità; e in questo tipo di vissuto, maestro e discepolo si ritrovano in un certo senso accomunati.

L'accompagnamento, il prendersi cura dell'altro all'interno della relazione educativa è una peculiarità dei centri di educazione non formale, come il *Centro Comunitário "Oscar Romero"* di São Paulo (Brasile) che determinano quello stretto legame fra impegno educativo e sociale che ha poi una incidenza diretta anche sulla scuola pubblica, grazie all'impegno di tanti educatori portatori del più avanzato pensiero pedagogico latinoamericano impregnato di profonda umanità sociale.

Il Brasile è un continente ricchissimo: di paesaggi, di risorse, di movimenti sociali, di cultura, ed è nell'incontro fra le dinamiche sociali e culturali che nascono i grandi filoni di pensiero-azione, quali la Teologia della liberazione[6], la pedagogia degli oppressi, il Teatro dell'oppresso[7], che hanno aperto nuove prospettive in campo socioculturale e pedagogico. Nati in contesti di lotta per la libertà, i diversi filoni del più avanzato pensiero pedagogico

---

[6] La *Teologia della Liberazione* (spesso abbreviata con TdL) è una discussa riflessione teologica iniziata in America latina con la Conferenza episcopale latinoamericana (CELAM) di Medellín (Colombia) del 1968, dopo il Concilio Vaticano II, che tende a porre in evidenza i valori di emancipazione sociale e politica presenti nel messaggio cristiano. Tra i principali protagonisti che iniziarono questa corrente di pensiero vi furono i sacerdoti Gustavo Gutiérrez (peruviano), Helder Camara e Leonardo Boff (brasiliani).

[7] Il *Teatro dell'oppresso* è una filosofia teatrale che comprende differenti tecniche create dal regista brasiliano Augusto Boal già direttore del teatro Arena di São Paulo. Le accomuna l'obiettivo di fornire strumenti di cambiamento personale, sociale e politico per tutti coloro si trovino in situazioni di oppressione. Ispirato alle idee di Paulo Freire ed al suo conosciuto trattato, La Pedagogia degli Oppressi, Il Teatro dell'Oppresso nasce in Brasile negli anni 70, in un clima di lotte operaie e contadine. In origine questo metodo era un mezzo per rendere coscienti le persone rispetto ai conflitti sociali.

latinoamericano si pongono come elementi di punta nell'elaborazione in campo educativo a livello mondiale.

Nella seconda metà del secolo appena trascorso tutto il continente è stato devastato da dittature variamente oppressive e sanguinose che, insieme alla povertà e al neocolonialismo, hanno soggiogato la gran parte delle sue popolazioni. Proprio in questi contesti sorgono in diverse aree esperienze educative e movimenti che, nella loro grande varietà e diversità, hanno in comune la profonda umanità sociale e la creatività; esperienze e movimenti che hanno come obiettivo centrale la liberazione dell'uomo e delle comunità.

All'interno o in stretto collegamento con i movimenti di liberazione e con le comunità cristiane della Teologia della liberazione, prendono il via le prime esperienze di Teatro dell'oppresso, di Scuola-Lavoro, il programma brasiliano MOVA[8] che rappresentano importanti pietre miliari della moderna pedagogia e che hanno ancora tanto da insegnare, dal punto di vista teorico, metodologico e pratico, agli educatori di tutto il mondo.

La nostra sensibilità contemporanea dovrebbe guardare con interesse a come la natura, meglio la terra con tutte le sue forme di vita, ha un ruolo centrale nella cultura sociale e religiosa del continente Latino Americano. Difendere la terra e la natura equivale a difendere la vita, così la tradizione si fonde con la modernità nelle nuove forme di tutela ambientale.

---

[8] Il programma MOVA-Brasile porta avanti il processo di alfabetizzazione di giovani e adulti.

Altro fondamento della ricchezza pedagogica del continente è rappresentato dalla realtà multiculturale e multietnica di quasi tutti i paesi. Le tragiche vicende della colonizzazione, le cui pesanti conseguenze giungono fin quasi ai giorni nostri, hanno alimentato anche lo spirito di resistenza e il desiderio di riscatto delle popolazioni indigene.

Il confronto con l'esperienza latinoamericana rappresenta quindi una fonte inesauribile di riflessione, arricchimento e apprendimento.

Sia nell'ambiente educativo italiano, sia in quello brasiliano mi sono occupata e mi occupo di educazione non formale[9]; ciò ha comportato una ristrutturazione delle conoscenze apprese alla luce della pratica e soprattutto il riconoscimento del valore ineliminabile della condivisione, del confronto per continuare ad apprendere in una eterna tensione anagogica.

Questo bisogno è, nelle parole di Duccio Demetrio:

un *continuum* che collega, attraverso il tempo e la diversità degli spazi, tutti coloro che hanno continuato ad apprendere e che è costituito dalla *direzione di senso*: si tratta della tensione anagogica (dal greco *anagoghé: elevazione, perfezionamento, miglioramento*). Un termine che può conoscere una sua traduzione significativa nondimeno in ogni situazione esperenziale ed esistenziale che trovi, abbia trovato e probabilmente ancora troverà, gli adulti impegnati nella ricerca del proprio miglioramento[10].

---

[9] L'educazione non formale è un'attività educativa intrapresa al di fuori del sistema formale e perciò al di fuori della scuola al di fuori delle attività curricolari. L'educazione non formale e le attività extra-curricolari che la compongono non rilasciano alcuna documentazione o certificato di frequenza.

[10] Duccio Demetrio *Manuale di educazione degli adulti*, Laterza, Bari 1997, *p.* 35.

Ringraziamenti

Sono infinitamente grata all'amica Annamaria Cecconi che attraverso le sue continue domande e sollecitazioni mi ha aiutato a realizzare una ricostruzione dettagliata della mia esperienza sul campo aiutandomi a evidenziare il fondamento teorico di quanto vissuto nella pratica educativa.

Devo alla puntuale e accurata analisi dell'amica Carmen Rubini la ripresa, a distanza di anni, di questo elaborato; a lei va quindi un ringraziamento speciale.

Desidero inoltre esprimere la mia riconoscenza al personale di Roma del *Vides Internazionale Italia* per avermi supportato e formato come "educatrice internazionale".

Concludo con un ringraziamento di cuore a tutti gli allievi che ho avuto in questi vent'anni d'insegnamento che tanto mi hanno formato e tras-formato, che mettendosi in gioco hanno reso intelligenti e allegre le mie lezioni, e in particolare a tutti i *meninos de rua*, agli educatori e alle Irmãs del *Centro Comunitário "Oscar Romero"* di São Paulo (Brasile), a cui dedico questo lavoro.

Introduzione

Questa ricerca prende l'avvio dall'analisi della situazione dei *ragazzi di strada* a livello mondiale, e fa riferimento al rapporto UNICEF *La Condizione dell'infanzia nel mondo 2006 - Esclusi e invisibili,* cioè a quei milioni di bambini che attraversano la vita senza alcuna protezione da abusi e violenze intenzionali. Questi bambini diventano invisibili quando subiscono abusi e sfruttamento in situazioni nascoste e non sono computati nelle statistiche. Anche i bambini che vediamo ogni giorno possono diventare "invisibili" ai nostri occhi quando sono trascurati o ignorati.

Seguono alcune considerazioni espresse al *Meeting Internazionale sui Ragazzi di strada* tenutosi a Roma dal 7 all'11 dicembre 1998. In quell'occasione si è evidenziato come nell'era della globalizzazione non è possibile pensare di intervenire in modo risolutivo su una determinata questione, in questo caso, quella dei ragazzi di strada, senza

---

[11] Alda Merini *Piccoli sogni d'amore,* Acquaviva, Milano 2003.

impegnarsi a trovare delle risoluzioni altrettanto globali.

La scelta di chiudere il primo capitolo con le riflessioni espresse nel *Meeting* del 1998 è direttamente collegata alla specificità educativa del sistema preventivo di don Bosco e di tutti i salesiani che nel mondo si occupano di formazione. Verrà infatti analizzata la peculiarità di tale approccio educativo nel secondo capitolo, riportando la radiografia di una realtà specifica di svantaggio socio-culturale, quella del quartiere di Guacurí, nella periferia meridionale di São Paulo (Brasile), e analizzando nel dettaglio l'intervento educativo con i *meninos de rua* realizzata dal *Centro Comunitário "Oscar Romero"* che opera da oltre trenta'anni sul territorio, sotto la guida e l'instancabile lavoro delle suore salesiane, Figlie di Maria Ausiliatrice, presenti nella zona fin dalla fondazione dei primi insediamenti abitativi.

Le pratiche pedagogiche utilizzate sostanziano una continua dialettica tra prassi e teoria, tra esperienza territoriale e pensiero politico, e mostrano che nel contesto della globalizzazione dei mercati stanno emergendo esperienze educative, realizzate da reti, movimenti, organizzazioni locali e nazionali, che si mobilitano per opporsi all'esclusione sociale, alla precarietà del lavoro, al declino delle politiche pubbliche, alla distruzione dell'ambiente e delle biodiversità, alla disoccupazione, alla violazione dei diritti umani, agli odi interetnici.

In questa cornice di riferimento si colloca l'esperienza biennale sul campo, riportata nel terzo capitolo, che dettaglia i progetti educativi realizzati e le riflessioni scaturite. Altro aspetto affrontato è quello del volontariato come risorsa educativa; in appendice l'inserimento della Carta dei valori del volontariato evidenzia tutte le molteplici sfaccettature che coinvolgono un soggetto che decide di fare volontariato.

La ricerca si conclude spostandosi nel campo della pedagogia sociale, analizzandone le sue specificità per poi ricollegarla alle figure di due grandi pedagogisti: Paulo Freire e don Bosco. Viene inoltre affrontata la tematica del dialogo tra educatore ed educando in quanto il rapporto educativo necessita di una relazione con l'alterità, quindi implica dialogo, reciprocità, che contribuiscono non solo a far crescere l'educando, ma anche a far progredire in umanità l'educatore stesso.

Nell'ultimo paragrafo si espongono le potenzialità dell'educazione non formale confrontandola con l'impostazione restrittiva del concetto di educazione nel modello scolastico tradizionale. Ne consegue che l'attività non svolta nell'ambito scolastico (nella prospettiva dell'educazione permanente, dell'educazione continua e dell'educazione ricorrente) è in posizione di subalternità e viene considerata, in un certo senso, un semplice accessorio. Di fronte alla precisa identità della scuola, l'extra scuola appare un non-luogo; invece, in un'ottica globale e integrata è un'area di confine in cui sono chiamati ad agire gli educatori.

1. Globalizzazione dell'emarginazione: il fenomeno dei ragazzi di strada

1.1 *La situazione a livello mondiale e le sue motivazioni*

> *Gli uni stanno nell'ombra*
> *gli altri nella luce*
> *e si vedono coloro che stanno nella luce*
> *e coloro che stanno nell'ombra*
> *non si vedono.*

> Bertolt Brecht

Il fenomeno dei ragazzi di strada[12] non è né nuovo né specifico dell'America Latina. Durante il Medioevo bande di bambini vaganti percorrevano l'Europa alla vigilia della fallita Crociata dei Bambini[13]. Nel XIX secolo, gli effetti dell'industrializzazione e dell'urbanizzazione sui bambini vulnerabili nell'Inghilterra vittoriana sono stati ben descritti da Dickens nel suo racconto semi-autobiografico *David Copperfield*, e nel ritratto dei compagni di Oliver Twist nel romanzo omonimo.

---

[12] Per "bambini" o "ragazzi di strada" intendiamo, secondo una definizione di vari organismi internazionali, tutte quelle bambine, bambini ed adolescenti che hanno fatto della strada la loro dimora abituale e che trovano in essa le condizioni necessarie per la sopravvivenza, che hanno rotto i legami familiari, non frequentano la scuola e vivono tutto il tempo nella strada sopravvivendo con elemosina ed attività illegali. Alle ragazze ed i ragazzi di strada rimangono poche tracce della cultura d'appartenenza perché l'adesione alla sottocultura della strada è molto forte. Il termine bambini di strada è la traduzione letterale del portoghese *meninos de rua*, espressione utilizzata in Brasile.

[13] Spedizioni avvenute nel XIII secolo per liberare la Terrasanta compiute da adolescenti, in gran parte pastorelli fanatizzati dal generale clima millenaristico dell'epoca.

I bambini di strada di oggi[14], cioè bambini o ragazzi vaganti e semplici fuggiaschi, si possono trovare nella maggior parte dei paesi del mondo, sia sviluppato che non. Le comunità di strada di giovani fuggiaschi di Sydney e di Melbourne stanno causando grande preoccupazione in Australia, in quanto l'incidenza dell'infezione da HIV tra di loro è più alta della media nazionale; "orfani a causa dell'AIDS" vagabondi stanno formando notevoli popolazioni di strada in un buon numero di stati del Centro Africa.
Nel Centro America e nel Sud Africa i bambini vagabondi sono spesso quelli resi orfani o portati via dalle loro case a causa della guerra o delle contro rivoluzioni, mentre i bambini che si dice vaghino in numero allarmante nelle strade di S. Pietroburgo, Mosca, Tirana e Bucarest sono stati abbandonati durante la rapida transizione dai regimi autoritari al mercato-caos nell'Europa dell'Est.

È molto difficile stimare il numero dei bambini di strada nel mondo: si parla di 100-150 milioni, ma potrebbero essere molti di più. Alcuni lavorano in strada ma vivono per lo più in famiglia, altri tornano a casa occasionalmente e molti altri non hanno più legami con la loro famiglia da anni perché ne sono fuggiti, sono stati abbandonati o sono rimasti orfani. Una volta in strada i pericoli e l'emarginazione

---

[14] In questo paragrafo sono sintetizzati alcuni contenuti proposti dal rapporto UNICEF *La condizione dell'infanzia nel mondo 2002* di Carol Bellamy, Fondo delle Nazioni Unite per l'infanzia, edizione italiana a cura di Alessia Lirosi e Raffaella Zannetti, Roma 2002 : Unicef- stampa Primegraf e parte della conferenza *A Globalização da exclusão* di Kurt Shaw presentata nell'Universidade Federal di Pernambuco, Recife, Brasil e nell'Universidade di Brasília nel novembre del 2002, reperibile in lingua portoghese sul sito http://www.shinealight.org/GlobalExclusionPort.doc.

finiscono per riportarli in situazioni di abuso e violenza. Sono bambini che hanno anche solo 5-6 anni e quasi tutti lavorano per sopravvivere o chiedono l'elemosina. Sniffano colla per attenuare i crampi della fame, commettono piccoli furti, si prostituiscono. Anche i contesti urbani in cui vivono questi bambini sono molto diversi, a partire dalle condizioni climatiche: basti pensare ai rigidi inverni nei paesi dell'Est europeo, dove avere un riparo diventa fondamentale anche solo per sopravvivere.

America Latina

La condizione di abbandono e sfruttamento dei bambini ha raggiunto nei paesi latino-americani la cifra di circa 30 milioni di minori tra quelli che lavorano per aiutare la famiglia di origine, e 15 milioni di quelli che vivono per la strada, in forma stabile o temporanea. È per questo che quando si parla di bambini di strada si pensa subito all'America Latina e in particolare al Brasile, dove vive la maggioranza dei bambini di strada di tutta l'America Latina, che a sua volta raccoglie i due quinti di bambini di strada di tutto il mondo. La mancanza di politiche sociali adeguate, la cattiva distribuzione del reddito e la povertà rendono la condizione dei 187 milioni di bambini e ragazzi del continente molto difficile.

Questo fenomeno, chiamato povertà, è percepito come un fenomeno integrale, associato a fattori psicosociali, culturali ed economico-strutturali. Oggi circa il 40% della popolazione latino-americana è considerata povera. La povertà è un fenomeno complesso che ingloba varie dimensioni, dal reddito basso, alla fame e malnutrizione, alla salute precaria e alla difficoltà di accedere ai servizi di base come: abitazione, salute, educazione, trasporto e tempo libero.

Per guadagnare qualcosa per sfamare i figli, i genitori non hanno scelta: chiudere i figli in casa o obbligarli a lavorare da quando sono piccoli. Un'altra soluzione è abbandonarli nelle strade alla mercé della sorte che molto spesso porta solo botte, sevizie, sfruttamento e umiliazione.

Queste presenze marginali che ancora oggi vivono vagando nei centri delle città, creano disagi ai passanti e ai commercianti e "danno fastidio" alla polizia, che in genere adotta un atteggiamento estremamente repressivo e violento. Eternamente in sospetto verso tutto e tutti - la stragrande maggioranza di questi ragazzini non infrangono nessuna legge ma cercano di sopravvivere chiedendo l'elemosina. Senza una guida e protezione questi ragazzi sono facile preda di malviventi che li utilizzano per commettere furti o spaccio di droga e, poco a poco, sono coinvolti in delitti più gravi.

Nel momento che si comincia a creare una certa dipendenza da gruppi di fuorilegge più organizzati, i bambini non hanno altra scelta che continuare a praticare furti e altre attività delinquenziali e spesso vengono eliminati dagli *squadroni della morte*.[15]. Se

---

[15] Con *squadrone della morte* viene indicato un gruppo di persone armate che agiscono con il fine di assassinare civili, solitamente inermi, perseguendo, usualmente, fini politici. Attualmente vengono organizzati squadroni della morte in Brasile per colpire o punire arbitrariamente ed illegalmente bambini di strada, piccoli ladri e appartenenti alla microcriminalità. Civili armati ma anche squadre di poliziotti o militari assassinano e torturano persone inermi nelle molte favelas del paese.

tentano di abbandonare il gruppo sono ugualmente a rischio perché ricercati dai malviventi. Nel quadro d'abbandono in cui vivono questi ragazzi, la Chiesa progressista con il movimento della Teologia della liberazione[16] iniziò, negli anni 70, a fare un lavoro di assistenza offrendo cibo, vestiti e un posto per dormire. Anche se importanti per ridare speranza ad alcuni ragazzi, queste iniziative assistenziali hanno rappresentato una soluzione passeggera che molte volte non riusciva a togliere i ragazzi dalla strada. Varie organizzazioni della società civile intrapresero allora attività di recupero con proposte educative, coinvolgendo i ragazzi nella strutturazione di un vero e proprio progetto di vita.

Africa

AIDS, conflitti, povertà: queste le cause dell'aumento dei bambini di strada nel continente africano. Tante le difficoltà a trovare le soluzioni giuste per risolvere un problema dalle cause complesse.
Nella maggior parte dei paesi africani la famiglia allargata è stata per decenni una struttura protettiva dell'infanzia. Affidati ai membri anziani della comunità e alle donne del gruppo in assenza dei genitori, i bambini venivano automaticamente protetti dai rischi provenienti dall'esterno; e, specialmente nelle zone rurali, ancora diffuse nel mondo africano, essi potevano vivere in situazioni relativamente protette. Ma il problema dei ragazzi di strada, sulla

---

[16] Basta ricordare Frei Betto che è figlio di questa fede, ha vissuto per 5 anni in una favela, ha fatto esperienze profonde fino a diventare una delle figure preminenti della teologia della liberazione.

scorta delle nuove emergenze che in questo inizio di secolo tormentano il continente africano, dai conflitti armati all'emergenza AIDS, all'urbanizzazione, sta esplodendo con una drammaticità senza precedenti. Aumenta in modo esponenziale il numero degli orfani senza tutela: in Ruanda, dove la guerra civile ha reso orfani quasi 100.000 bambini, si contano ormai a migliaia i bambini e i ragazzi che lavorano e vivono sulla strada nella capitale Kigali. E così in Zaire, Burundi, Angola. Praticamente incalcolabile il numero in Zambia, uno dei paesi maggiormente toccati dall'emergenza AIDS, dove i ragazzi di strada, resi orfani dalla malattia dei genitori, sono in continuo aumento; il rappresentante UNICEF dello Zambia ha denunciato la gravità della situazione, affermando che questi bambini sono esposti ai mille rischi della strada, come l'abuso di droghe e la violenza sessuale.

Asia

Urbanizzazione crescente, crisi economica, degrado sociale sono alla radice dell'aumento dei bambini di strada nel continente asiatico. Questa è la difficile condizione dei bambini che cercano nuove opportunità nelle città industriali.
L'Asia è il continente più popoloso del mondo e le statistiche rilevano un progressivo aumento dei bambini che vivono in condizioni particolarmente difficili nel contesto urbano, spesso molto più critiche rispetto a quelle che affrontano i bambini delle remote zone di campagna. Non solo. La perdita di scambi privilegiati di alcuni paesi asiatici con la dissolta Unione Sovietica, se da una parte ha visto avviare una

fase di decollo economico, dall'altra non ha escluso l'emergere di nuovi problemi. È il caso del Vietnam che con la politica del "*doi moi*" ha iniziato a trasformare il sistema economico pianificato in economia di mercato e ha dovuto fare i conti, di fronte alle migrazioni della popolazione dalle aree rurali alle città, con la mancanza di infrastrutture adeguate. Si parla di circa 16.000 bambini di strada in Vietnam, un numero in crescita, in particolare nelle città di Ho Chi Minh e Hanoi. Fino al 1990, la mancanza di dati precisi rendeva difficile conoscere l'entità delle situazioni a rischio per i bambini e la conseguente adozione di misure adeguate. Oggi i dati e gli studi disponibili stanno permettendo una migliore strategia di intervento: nel settembre 1999 il Primo Ministro ha approvato un Piano d'azione nazionale per la tutela dei bambini che vivono in condizioni particolarmente difficili (sfruttamento sessuale, lavoro pericoloso, vita di strada). La legislazione è il primo passo ma deve essere rafforzata da particolari misure e programmi concreti per provvedere ai bambini e alle loro famiglie.

L'UNICEF ha elaborato una strategia di intervento che ha tre indirizzi: la prevenzione dalle situazioni a rischio, la protezione dei bambini che si trovano già in circostanze difficili e la reintegrazione nelle famiglie e comunità. Questo lavoro viene svolto insieme ad altre associazioni o organizzazioni non governative ed è fondamentale per far fronte al problema.

Europa dell'Est

La comparsa del fenomeno dei bambini di strada in questi paesi, praticamente inesistente prima del 1989, si spiega col deterioramento delle condizioni di vita delle popolazioni e con la crescente marginalizzazione economica e sociale di settori sempre più vasti della società dopo la caduta del muro e la conseguente transizione alla nuova economia di mercato. In alcuni casi i bambini diventano piccoli homeless quando gli orfanotrofi statali ormai privi di risorse sono costretti a disfarsi di loro. Nella maggior parte dei paesi ex socialisti gli istituti di assistenza all'infanzia sono così affollati da essere costretti a rifiutare i bambini senza casa, per i quali, scomparso ogni punto di riferimento, familiare o sociale, l'unica alternativa rimane la vita di strada. Molti di loro si riuniscono in piccole bande per le quali la possibilità più realistica di guadagnare qualcosa è la strada della microcriminalità. Secondo l'UNICEF il numero di bambini abbandonati a se stessi è "catastrofico" ed è in costante aumento il numero dei genitori impossibilitati per più di un motivo a seguire i propri figli nel processo di crescita.

Si è registrato anche un preoccupante aumento del numero dei bambini venduti a loschi trafficanti da famiglie in crisi economica; in genere questi bambini finiscono nel giro della prostituzione locale o vengono introdotti nel traffico internazionale del sesso.

---

[17] Si veda la conferenza *A Globalização da exclusão* di Kurt Shaw proferita nell'Universidade Federal di Pernambuco, Recife, Brasil e nell'Universidade di Brasília nel novembre del 2002, reperibile in lingua portoghese al seguente indirizzo http://www.shinealight.org/GlobalExclusionPort.doc. Kurt Shaw è direttore di *Shine-a-light* - Rete internazionale a favore dei bambini di strada. Sito http://www.shinealight.org/index.html.

Il mondo del crimine organizzato all'Est come in Occidente tende a utilizzare sempre più frequentemente manodopera tra i ragazzi di strada.

Runaway: ragazzi di strada negli USA[17]

Il fenomeno dei bambini di strada in America Latina ha giustamente richiamato l'attenzione dell'opinione pubblica mondiale, ma l'enfasi posta su questa regione ha fatto sì che si trascurasse lo stesso fenomeno negli Stati Uniti d'America, dove i bambini di strada costituiscono un problema sociale drammatico già fin dal XIX secolo. La diversa considerazione dei ragazzi di strada statunitensi rispetto ai loro compagni latinoamericani in parte dipende anche dalla definizione che si dà nella letteratura sociologica americana: invece di "bambini di strada" si parla di "runaways" (bambini che scappano di casa), suggerendo così l'idea di bambini che vivono in strada perché ribelli, perché rifiutano i valori dei genitori o perché scappano dalla violenza casalinga; diversi quindi dai bambini di strada latinoamericani che un'opinione diffusa vuole in strada a causa dell'estrema povertà o della loro condizione di orfani.

Secondo le stime degli operatori di strada, a New York ci sono ca. 50.000 bambini e ragazzi di strada. Nonostante il numero elevato, essi risultano invisibili e i mezzi di comunicazione e l'opinione pubblica quasi non ne prendono atto. D'altronde sono i ragazzi stessi a fare di tutto per restare invisibili: essere minorenne e in strada è contrario alla legge e se la polizia identifica un "runaway", questo sarà immediatamente ricondotto ai suoi genitori, oppure incarcerato, oppure ancora affidato all'assistenza sanitaria statale.

I ragazzi non vanno in strada a causa della povertà, ma a causa della violenza, fuggono da rapporti familiari violentissimi. L'intervento dello stato e l'assistenza sociale non sono una soluzione: troppo spesso i ragazzi hanno subito, oltre alla violenza familiare, qualche forma di abuso e di esclusione da parte del sistema statale. I ragazzi di strada sono in fuga dalle famiglie tanto quanto dalle istituzioni.

La differenza tra un bambino di strada statunitense e un latinoamericano certamente esiste e può essere anche grande, ma forse è data soprattutto dalle condizioni socio-ambientali che richiedono strategie di sopravvivenza diverse. D'altro canto, gli stessi "runa way" si auto-definiscono non con il nome a loro assegnato dalla letteratura, bensì "street kids" (bambini di strada).

Le motivazioni del fenomeno dei ragazzi di strada

Numerose sono le cause alla base di questo fenomeno sociale di dimensioni sempre più allarmanti. Tra le principali si indicano le seguenti:

> - le condizioni di povertà e di miseria che mortificano la dignità e privano dell'indispensabile per la vita;
> - la crescente disgregazione delle famiglie, situazioni di tensione fra genitori, comportamenti aggressivi, violenti e talora perversi nei confronti dei figli;

> l'emigrazione, con quanto comporta di sradicamento dal contesto abituale di vita e conseguente disorientamento;
> il dilagare della tossicodipendenza e dell'alcoolismo;
> la prostituzione e l'industria del sesso, che continua a mietere un numero impressionante di vittime, indotte spesso con violenze allucinanti alla più feroce delle schiavitù;
> le guerre e i disordini sociali che sconvolgono anche per i minori la normalità della vita;
> la mancanza di valori di riferimento, la solitudine e un senso sempre più profondo di vuoto esistenziale che caratterizzano il mondo giovanile in generale.

In questa sede prenderemo in considerazione la violenza e tutti quei comportamenti aggressivi e talora perversi nei confronti dei minori.

1.1.1 *La violenza come causa principale del vagabondaggio infantile* [18]

In America Latina l'esperienza degli operatori di strada ha ormai consolidato la tesi per cui la povertà da sola non basta a spingere un bambino in strada: troppi i bambini poverissimi che non hanno nessuna intenzione di abbandonare la propria famiglia e casa, e troppi ormai i ragazzini di strada provenienti

---

[18] Si veda *State of the World's Street Children: Violence*, rapporto curato nel 2005 da *The Consortium for Street Children*, sito http://www.streetchildren.org.uk/. Il rapporto è reperibile al seguente   indirizzo http://www.streetchildren.org.uk/projects/?id=43.

dai ceti medi. Diverse ricerche hanno confermato che alla base della "decisione" di andare in strada c'è sempre qualche forma di violenza, sia questa subita in famiglia, che quella esercitata da bande o generata da una situazione di guerra.

Il fattore fondamentale affinché un minore "vada in strada", è dato dalla violenza familiare. La violenza esiste anche in strada, ma è una violenza meno certa: in casa l'abuso è quotidiano e non c'è un posto dove scappare; mentre in strada, e soprattutto nei centri delle città, la violenza è meno regolare, si è in gruppo, magari si riesce a scappare o a camuffarsi. La violenza è forse più controllabile.

La violenza famigliare è spesso nascosta, non denunciata e sottostimata come viene anche rilevato dal rapporto delle Nazioni Unite *Sulla violenza sui bambini*[19].

La violenza sui minori assume varie forme ed è determinata da un'ampia gamma di fattori, che vanno dalle caratteristiche personali della vittima e di chi perpetra la violenza, fino all'ambiente culturale e naturale in cui si verificano. Tuttavia le violenze sui minori rimangono in gran parte nascoste per svariati motivi. Uno di questi è la paura: molti bambini, infatti, hanno paura di denunciare la violenza subita. In molti casi i genitori, che dovrebbero proteggere i propri figli, rimangono in silenzio nel caso in cui la violenza sia stata perpetrata dal coniuge o da un altro componente della famiglia, o da un membro più importante della società civile, come il datore di lavoro, un agente di polizia o un leader della comunità locale. La paura è strettamente collegata alla discriminazione che di solito accompagna la denuncia della violenza, soprattutto in quelle culture dove "l'onore" della famiglia va preservato sopra ogni cosa, anche a svantaggio della sicurezza e del benessere dei

---

[19] Cfr. il rapporto delle Nazioni Unite del agosto 2006 *Sulla violenza sui bambini* realizzato da Paulo Sérgio Pinheiro, p. 10 e 11.

bambini. In particolare, lo stupro o altre forme di violenza sessuale possono essere causa di ostracismo, di altre violenze o addirittura di morte.

Un altro fattore cruciale è l'approvazione sociale della violenza: sia i bambini che coloro che commettono abusi possono considerare la violenza fisica, sessuale o psicologica, come inevitabile e normale. Educare impartendo punizioni corporali e umilianti, il bullismo e le molestie sessuali sono spesso percepite come normali, soprattutto quando non causano ferite "visibili" permanenti. L'assenza di un'esplicita sanzione giuridica nei confronti delle punizioni corporali riflette questo tipo di atteggiamento. [...] La violenza rimane invisibile anche per l'assenza di canali sicuri o affidabili a disposizione di bambini o adulti per denunciarla. In alcune nazioni del mondo le persone non si fidano della polizia, dei servizi sociali o delle altre autorità; in altre, soprattutto nelle aree rurali, non esistono autorità a cui potersi rivolgere in caso di violenza .

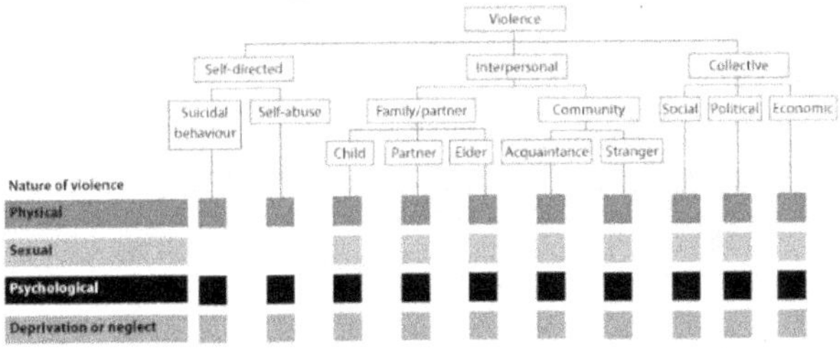

Fig.1 La tipologia della violenza

Passiamo ad analizzare le tipologie di violenza rivolte ai minori ma per fare questo è necessario procedere con una nuova definizione di bambini di strada.

---

²⁰ CSC, *op. cit.,* p. 3. Trad. it. nostra. [This report adopts a recent, more inclusive operational understanding of street children as children for whom the street is a reference point and has a central role in their lives].

Il rapporto *State of the World's Street Children: Violence* adotta, infatti, una recente e più inclusiva definizione dei bambini di strada, come i bambini per i quali la strada è un punto di riferimento e ha un ruolo centrale nella loro vita[20].

Un altrettanto ampio concetto di violenza è adottato, al fine di includere le complesse esperienze di violenza che colpiscono i ragazzi di strada, come vittime, testimoni e colpevoli. *L'Organizzazione Mondiale della Sanità* (OMS) e l'*International Society for Prevention of Child Abuse e Neglect* (ISPCAN), forniscono un quadro di riferimento (vedi Fig. 1), che rileva un complesso pattern di violenza. La tipologia di violenza è classifica per tipo, come:

- auto-diretta;
- interpersonale;
- collettiva.

Prosegue poi con la rilevazione della natura degli atti di violenza, come:

- fisico (comprese le punizioni corporali);
- sessuale;
- psicologica;
- di abbandono[21].

Analizzando il grafico (Fig. 2) possiamo notare come lo sviluppo economico, lo status sociale, l'età, il sesso e il genere sono alcuni tra i tanti fattori collegati al rischio di subire violenza, anche letale.

---

[21] CSC, *op. cit.*, p. 2. Trad. it. nostra.

Riporto a titolo esplicativo la tavola statistica sulla violenza ai ragazzi di strada che include, tra gli altri, i dati relativi al Brasile.

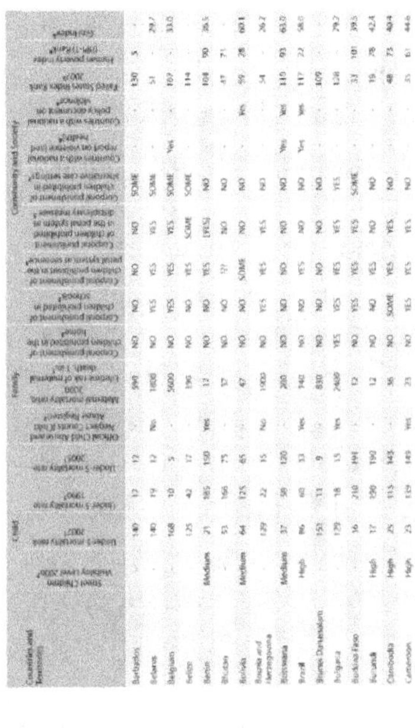

Fig. 2 Tavola statistica: Società, Ragazzi di Strada e Violenza

La tabella statistica, parzialmente riportata, utilizza il rapporto dell'UNICEF *State of the World's Children 2007* (SWOC). Classifica in ordine alfabetico i paesi nella colonna 1. La colonna 2 fornisce un primo tentativo, classificato per paese, del livello di visibilità (alto, medio o basso) dei bambini di strada.

Questo indicatore mira a sostituire le stime delle popolazioni di bambini di strada con la

19

"visibilità" dei bambini di strada in ogni paese per creare una fotografia della situazione reale che viene poi inviata alle ONG, ai governi, al mondo accademico e dei media. Questo cambiamento di focus è fondato sul concetto che i "bambini di strada" sono una categoria socialmente costruita, il che suggerisce che il calcolo del numero dei bambini di strada riflette una maggiore consapevolezza del numero dei bambini che lavorano e vivono per le strade oltre che il numero dei bambini in situazioni di strada[22].

Restituisce un'immagine del fenomeno molto più complessa e composita. Per questa ragione da alcuni anni la maggior parte degli operatori sociali brasiliani preferiscono utilizzare due termini diversi, che tendono ad individuare due grandi tipologie di situazioni esistenziali:

- *Meninos "na" rua:* Questa espressione indica i bambini che si trovano sulla strada in un dato momento. Possono essere lì per giocare, lavorare, vendere qualcosa o semplicemente per passare il tempo. Questa situazione riguarda milioni di bambini in tutto il mondo, soprattutto nei paesi in via di sviluppo.
- *Meninos "de" rua:* Questo termine si riferisce invece ai bambini che vivono per strada, che hanno la strada come loro casa. Sono spesso orfani, provengono da famiglie molto povere o sono fuggiti da situazioni difficili. Questi bambini affrontano condizioni di vita molto precarie e pericolose.

---

[22] CSC, *op. cit.,* p. 67. Trad. it. nostra.

Le radici della violenza

I cosiddetti "rischi o fattori di violenza", soprattutto familiare, sono stati individuati utilizzando il "modello ecologico di Bronfenbrenner[23]", secondo quattro livelli di analisi:

- le caratteristiche individuali;
- il contesto sociale immediato;
- il contesto ambientale più ampio;
- il contesto sociale e culturale.

Riguardo alle caratteristiche individuali, il basso livello di autostima, lo scarso controllo dell'impulso, l'affettività negativa e l'eccessiva risposta allo stress sicuramente aumentano la probabilità che un individuo possa divenire perpetratore di violenza familiare. Anche la dipendenza da alcool e droghe gioca un ruolo importante sia come fattore di rischio sia come elemento predisponente alla violenza.

In relazione al contesto sociale immediato, le caratteristiche del sistema familiare hanno importanti implicazioni per l'eziologia o l'esercizio della violenza intrafamiliare: a questo proposito occorre citare la struttura e la dimensione della famiglia e anche eventi "paranormativi", come la perdita di un lavoro o la morte di un familiare. Le famiglie che abusano dei loro figli sono spesso caratterizzate da un maggior numero di eventi stressanti, anche se ciò non vuol dire che tutte le famiglie colpite da tali eventi abusino dei loro figli.

In riferimento al contesto ambientale più vasto, la violenza intrafamiliare è legata anche alle

---

[23] Con il suo modello ecologico, intende l'ambiente di sviluppo del bambino come una serie di cerchi concentrici, legati tra loro da relazioni.

caratteristiche della comunità in cui la famiglia è collocata, come la povertà, l'assenza di servizi per la famiglia, l'isolamento e la mancanza di coesione sociale.

Inoltre alti livelli di disoccupazione, la crescente disuguaglianza economica, la globalizzazione, i flussi migratori, l'urbanizzazione, le minacce alla salute, in particolare la pandemia dell'HIV/AIDS, i progressi tecnologici e i conflitti armati sono fattori che incidono sul comportamento violento nei confronti dei bambini. Affrontare queste sfide e raggiungere obiettivi che siano condivisi dalla comunità internazionale, come gli Obiettivi di sviluppo del Millennio[24], contribuiranno all'eliminazione della violenza sui minori.

In Brasile, si segnala la modernità dello *Statuto del Bambino e dell'Adolescente*[25] sul tema dell'infanzia che sta arrivando alla maggiore età: ha compiuto, il 13 luglio 2007, 17 anni dalla sua creazione. Nonostante i progressi che ha rappresentato, i numeri delle violenze sui bambini e le bambine nel paese sono ancora drammatici.

1.2 *Il contesto brasiliano: indicatori sociali*

Dai dati contenuti nel dossier dell'Ibge[26], sembra che il Brasile stia finalmente percorrendo la strada giusta per ridurre la disuguaglianza sociale

---

[24] Per approfondimenti si veda in Appendice al Capitolo 1, Documento 2 *La condizione dell'infanzia nel mondo e gli Obiettivi del Millennio per lo Sviluppo.*
[25] *Estatuto da Criança e do Adolescente* - Legge n° 8.069, del 13 luglio 1990. Reperibile sul sito governativo http://www.planalto.gov.br/ccivil_03/leis/L8069.htm
[26] IBGE *Istituto Brasiliano di Geografia e Statistica*, gli *Indicatori Sociali 2006.* Sito http://www.ibge.gov.br.

presente in tutto il suo territorio. Nel 1995, il reddito del 10% dei più ricchi era 21,2 volte maggiore del reddito del 40% dei più poveri, mentre nel 2005 questa differenza è scesa a 15,8 volte.

La crescita della partecipazione femminile nel mercato del lavoro ha contribuito al cambiamento della struttura delle famiglie brasiliane. Tra il 1995 e il 2005 il numero di famiglie con un capofamiglia donna è cresciuto del 35%, passando dal 22,9 nel 1995 al 30,6 nel 2005. Quanto alla popolazione giovanile, è stata quella che più ha sofferto a causa della mancanza di lavoro. Per l'Ibge questo alto tasso di disoccupazione indica non solo una maggiore richiesta di lavoro da parte dei giovani, ma anche la scarsa capacità dell'economia di assorbire la manodopera qualificata.

Nel 2005 la popolazione economica attiva arrivava a 96 milioni di persone, divise in 56,4% di uomini e il 43,6% di donne. In dieci anni si è verificata una riduzione della partecipazione maschile e un aumento di quella femminile del 3,2%. Sul mercato erano però presenti anche 5,4 milioni di lavoratori di età compresa tra i 5 e i 17 anni, di cui circa il 54% era di età inferiore a 16 anni, limite minimo consentito per lavorare. Nonostante i dati ancora allarmanti, dalla ricerca emerge che questo tipo di lavoro sia in calo.

Da questa indagine emerge inoltre che le donne meno acculturate fanno più figli. Quelle fino a tre anni di studi arrivano ad avere in media più del doppio del numero di figli delle donne con otto anni o più di studi. La percentuale di coppie con figli nel sudest del Brasile è scesa dal 56,6% al 48,5% in dieci anni, mentre in tutto il paese è cresciuto il numero di mamme adolescenti.

Si prevede che nel 2050 il Brasile avrà circa 260 milioni di abitanti, con un incremento superiore al 40%.

In sintesi vengono presentati alcuni dati relativi alla situazione sociale:

Violenza[27]

Tra il 1980 e il 2000, 598.367 (29.918 all'anno) persone sono morte per omicidio; poco più di 2 milioni sono morte per cause non naturali (82,2 % uomini, 18% donne). Nel decennio del 1980 la principale causa erano incidenti, ma nel decennio del 1990 la principale causa delle morti di uomini sono stati gli omicidi. Tra il 1980 e il 2000 il tasso di mortalità di entrambi i sessi è aumentata del 130%. Il maggiore aumento di morti per omicidi è presente nella fascia di età tra i 18 e i 24 anni. Gli omicidi commessi con armi da fuoco sono aumentati del 95% tra il 1991 e il 2000. Cliniche e ospedali che possiedono attrezzature necessarie per far fronte alle conseguenze di questa violenza sono per il 65,7% private e per il resto pubbliche.

Fame[28]

I dati, basati sul censimento del 2000, rilevavano che erano presenti in Brasile 56 milioni di persone che vivevano sotto la linea della povertà

---

[27] IBGE1 Indicadores Sociais 13 aprile 2004.
[28] Dati della Fondazione Getúlio Vargas Aprile 2004. Sito http://www.fgv.br/

(secondo i criteri dell'Organizzazione Mondiale della Sanità), una persona ogni 3 non aveva la possibilità di accedere alla quantità minima di cibo necessaria per la sopravvivenza. La ricerca mostra che un contributo mensile di 14 reais di ogni brasiliano che vive sopra la linea della povertà sarebbe sufficiente per investire 2 milioni di reais al mese per programmi sociali contro la miseria.

Educazione[29]

Lo sfasamento tra anni di vita ed età scolastica cresce con l'età: bambini di sette anni 14,4%, adolescenti di 14 anni 65,7%. La media di anni di studio: per un giovane di 17 anni é di 7,2 anni (dovrebbe essere di 11 anni), per i giovani tra i 20 e i 24 anni è di 8,2 anni, mentre cala per la popolazione con più di 25 anni, 6,1 anni di media di studio scolastico. Nel 2002 gli analfabeti erano il 14,6 milioni, gli analfabeti funzionali erano 32,1 milioni (analfabeta funzionale: non ha coscienza di ciò che legge e scrive).

Popolazione

Dei bambini nati in Brasile nel 2002 circa il 20% sono nati da mamme con un'età compresa tra i 15 e i 19 anni. Quando la mamma ha meno di tre anni di studio scolastico il tasso di mortalità di minori di 5 anni è di quasi 49,3 per mille dei nati vivi, quando la mamma ha 8 anni di studio il tasso si abbassa a 20 per mille.
Nel 2002, 51,2% (88 milioni) della popolazione era composta da donne. Le donne avevano una scolarità

---

[29] IBGE Indicadores Sociais 13 aprile 2004

media di 6,4 anni, gli uomini di 6,1 anni. Nel 2002, 30 milioni di donne erano mamme e la percentuale di adolescenti con un figlio era del 6,3%.

1.3 Il *Meeting Internazionale sui ragazzi di strada* (Roma 1998)

Nei giorni 7-11 dicembre 1998, è stato organizzato dal VIS[30] in collaborazione con il Dicastero della Pastorale Giovanile Salesiana a Roma il *Meeting Internazionale sui Ragazzi di strada*[31], che ha portato alla definizione di metodologie pedagogiche e linee di intervento mettendo a confronto 90 operatori provenienti da 40 Paesi in rappresentanza di quasi tutte le opere salesiane che lavorano con i RdS[32] nel mondo, esperti internazionali in materia di recupero e reinserimento dei RdS, rappresentanti di Organizzazioni Non Governative italiane, ricercatori e studiosi[33].

In quell'occasione si è evidenziato come nell'era della globalizzazione non è possibile pensare di intervenire in modo risolutivo su una determinata questione, in questo caso, quella dei RdS, che è

---

[30] Il VIS - *Volontariato Internazionale per lo Sviluppo* - è un Organismo Non Governativo (ONG) costituitosi nel 1986 ed è una ONLUS di diritto. Sito http://www.volint.it/.

[31] Cfr. gli atti del convegno VIS (a cura di) *Ragazzi di strada*, Meeting Internazionale, Roma 7/11 dicembre 1998, Tipografia Don Bosco, Roma 1999.

[32] RdS verrà usata d'ora innanzi come abbreviazione di Ragazzi di strada.

[33] Sono infatti intervenuti come esperti internazionali il Prof. Riccardo Lucchini, Rettore dell'Università di Friburgo, il Dott. William Myers, consulente in materia per ILO e UNICEF e il Prof. Humberto Rojas, Segretario Esecutivo del *Defense for Children International* in Colombia.

certamente di carattere globale, senza impegnarsi a trovare delle risoluzioni altrettanto globali.

L'intervento di Lucchini *Ragazzi di strada: una sfida* ha aperto un orizzonte sulla complessità della realtà dei RdS, presentando una chiave di lettura sociologica del fenomeno attraverso schemi chiari, ma contemporaneamente mettendo in guardia sul rischio di utilizzare semplicistiche classificazioni, utili a fini descrittivi e conoscitivi.

Dopo aver inquadrato brevemente la problematica della presenza dei RdS in un'ottica macroscopica, ha posto la sua attenzione sui fattori microscopici del fenomeno, ossia quelli concernenti la realtà in cui il ragazzo è direttamente implicato come attore sociale.

È solo attraverso il riconoscimento delle competenze che il ragazzo ha sviluppato nella strada che noi possiamo favorire la sua partecipazione nel quadro di un processo di intervento. Per questo motivo è necessario affrontare questioni come il carattere progressivo del lasciare la casa da parte del ragazzo per andare in strada, il modo in cui il ragazzo contrappone la vita nella strada al vivere in famiglia, l'organizzazione sociale dei ragazzi nella strada, le loro attività, la socializzazione e le regole di cooperazione nella strada, la relazione identitaria che il ragazzo ha con il mondo della strada, le sue motivazioni, il differente modo di entrare nella strada per i ragazzi e le ragazze. La complessità del mondo della strada ci invita ad affrontare criticamente i problemi della capacità di ripresa del ragazzo e dell'intervento sociale, prendendo atto dei limiti degli approcci dominanti, che non considerano il ragazzo come un attore sociale con una specifica razionalità e enormi risorse.

La scuola, dopo l'ambiente familiare, si rivela un formidabile antidoto al fenomeno dei RdS. L'accoglienza ma anche la disciplina e l'impegno offrono al bambino la possibilità di riscattarsi dalla miseria e dall'ignoranza. A riguardo riportiamo quanto detto da don Juan E. Vecchi[34]:

[...] oggi la forma migliore e più efficace di prevenzione è l'educazione. E tra le diverse impostazioni dell'educazione, quella ispirata al criterio preventivo, attenta cioè a sviluppare le energie che abilitano la persona a emergere dai condizionamenti che la vita può portare, capace di distogliere da esperienze gravemente negative in cui verrebbero compromesse le risorse del soggetto o comunque l'uscirne comporterebbe per lui un dispendio inutile e doloroso di energie.

Oggi si sono chiariti la valenza, i gradi e le forme complementari della prevenzione e così pure il senso salesiano della preventività come caratteristica interna dell'educazione. Essa si applica anche al recupero dei soggetti già raggiunti dalle conseguenze della marginalità e del disagio. Anzi si propone come forma ottimale per risvegliare le loro energie ancora sane e arginare un eventuale deterioramento o neutralizzazione.

La prevenzione allora viene concepita come anticipazione, ma anche come un aiuto per far affiorare le risorse nascoste, per far emergere i tratti che sembrano cancellati, fino a portare i giovani ad un livello soddisfacente di impegno personale per la propria crescita.

L'educazione è dunque la carta fondamentale per la prevenzione del disagio e per il suo superamento. Educare significa accogliere, ridare la parola e comprendere. Vuol dire aiutare i singoli a ritrovare se stessi; accompagnarli con pazienza in un cammino di recupero di valori e di fiducia in sé. Comporta la ricostruzione delle ragioni per vivere.

---

[34] Dall'intervento di don Juan E. Vecchi Rettor Maggiore della Congregazione Salesiana al Meeting Internazionale *Ragazzi di strada*, VIS (a cura di), Roma 7/11 dicembre 1998, p. 27 e sgg.

L'insegnamento sistematico è una via importante per la prevenzione e il superamento della povertà e del disagio, ma a condizione che ci conduca ad un incontro con l'integralità della persona; l'anonimato istituzionale o il solo apporto di conoscenze non realizza i fini dell'educazione.
Oggi bisogna andare oltre i programmi e le sedi stabiliti per tutti come se tutti fossero "normali": bisogna fare un esodo mentale e pedagogico e dare luogo principale al dialogo, al rapporto personalizzato, alla condivisione.
Oggi educare chiede una rinnovata capacità anche di proposta. Bisogna coinvolgere i giovani in esperienze che li aiutino a cogliere il senso dello sforzo quotidiano, che svegli e arricchisca i loro interessi e, ancorandoli saldamente a quello che è fondamentale, offra loro strumenti per guadagnarsi da vivere e li renda capaci di agire da soggetti responsabili in ogni circostanza. Nell'educazione emergono alcune urgenze: dare un senso alla vita, formare la coscienza, inculcare la solidarietà. Tutte richiedono di radicare attraverso rapporti, convinzioni ed esperienze il *valore della persona* al di sopra dei beni materiali e di ogni struttura od organizzazione, per abilitare a fare scelte autonome di fronte ai meccanismi di manipolazione. Richiedono anche di orientare i giovani alla *conoscenza adeguata della realtà* culturale e socio-politica, cominciando con quella più vicina e quotidiana, per arrivare fino alle istituzioni e ai modelli socio-economici.
Così pure bisognerà *coinvolgere* i giovani, quelli di ambienti di povertà e quelli dei contesti di benessere, in iniziative che richiedono apertura agli altri, perché imparino a farsi carico delle sofferenze altrui e a collaborare per superarle.

C'è un invito, nelle parole di Vecchi, a dare sostanza e forma ad una comunità educante che si costruisce quando adulti (genitori, operatori, amministratori) insieme a bambini e ragazzi si mettono in gioco con la propria specificità personale, generazionale, professionale e istituzionale per realizzare progetti di crescita e di cambiamento in cui non vi sono educatori ed educandi, ma un coinvolgimento e una responsabilizzazione complessiva e reciproca.

Vogliamo chiudere questo capitolo con il significativo scritto di Elena Poniatowska[35] sui bambini di strada.

Secondo "Estudio de Niños Callejeros", uno studio ufficiale sui bambini di strada, ci sono 11.172 bambini che vivono e lavorano per strada a Città del Messico, la città più grande del mondo. Lavano macchine e autobus, fanno commissioni e consegnano bevande. Ai ragazzi non piace lavorare come caricatori perché spesso subiscono gravi lesioni alla spina dorsale o vengono investiti dalle auto. A tutto questo fa da sfondo lo smog, il traffico e la povertà estrema oltre alla violenza, la disgregazione sociale e l'inquinamento ambientale. La droga e la delinquenza sono un fatto comune. In strada, i bambini lavano i vetri e fanno i mangiafuoco. Aspettano i clienti con i loro strumenti in mano e con indosso le tute charro con le borchie che brillano di notte e i cappelli a tesa larga. Sono chitarre, violini e trombe di Gerico, voci in cerca di ascoltatori, giocolieri, clown, prestigiatori. Per loro la luce rossa rimane sempre accesa e lo spettacolo continua fino alle tre o alle quattro del mattino, specialmente di venerdì e sabato quando le coppie si sentono romantiche e gli regalano qualche peso in più. I passanti li guardano, ma loro sono invisibili. Non esistono. La polizia li guarda ma senza vederli realmente. Tutto li isola, tutto li denuncia.

La scuola è fonte di angoscia per questi bambini, anche per i più innocenti. Hanno difficoltà a ricordare quello che apprendono perché hanno perso la capacità di concentrazione. Inoltre, non vogliono saperne di tetti o muri: niente è paragonabile alla strada. La strada dà assuefazione.

---

[35] Si veda UNICEF, *La condizione dell'infanzia nel mondo 2006*, New York, 2006, p. 42. Elena Poniatowska scrittrice, giornalista e docente, è nata a Parigi ma vive in Messico da quando era bambina. Ha scritto diversi libri e ha ricevuto numerosi premi e onorificenze tra cui la Guggenheim Fellowship, una Fellowship Emerita dal Consiglio Nazionale Messicano della Cultura e delle Arti, e il premio nazionale del Messico per il giornalismo.

In strada, ogni cosa è allo stato naturale: la realtà, il cibo, gli occhi, la solidarietà. Niente è stato elaborato. Tutto gli viene gettato in faccia: i soprannomi ingiuriosi, le risate crudeli, lo scherno, la derisione, la ferita che non si rimargina mai, i maltrattamenti, la durezza.

Solo la strada gli appartiene. Compensa la solitudine, il rifiuto, la mancanza d'affetto. Li attrae. Gli dà il denaro che non hanno mai avuto a casa. Gli dà il ritmo, il tempo e i soldi subito. "Sono qualcuno. Sono qualcosa. Mi sono appena guadagnato la cena."

Questi bambini non hanno la concezione del tempo. A loro non importa che giorno è. I giorni della settimana li intrappolano. Le ore sono le ore del loro disastro. Conoscono solo due stagioni: quella secca e quella delle piogge. La stagione delle piogge (da giugno a settembre) è quella brutta perché il pomeriggio paralizza tutte le attività della strada. Rende anche impossibile giocare a pallone, la cosa che amano di più.

Questa testimonianza restituisce un'accurata fotografia della situazione attuale dei RdS e ci sfida a rendere realtà i nostri sogni di un futuro migliore per questi bambini. Il sogno diviene il motore fondamentale per l'azione degli operatori e dei responsabili delle strutture che lavorano con i RdS. Infatti, quando si vive giorno dopo giorno a contatto con la sofferenza e con la rabbia di ragazzi costretti da eventi traumatici a crescere troppo in fretta, la speranza, il sogno che abbiano un futuro migliore è forse l'unica forza che spinge ad armarsi di coraggio e affrontare il loro dolore.

2. Radiografia di una realtà: i *meninos de rua* e il Centro Comunitario "Oscar Romero" di São Paulo

In una terra di fuggitivi,
colui che cammina nella direzione contraria
sembra che stia fuggendo.

Thomas S. Eliot

Numa terra de fugitivos aquele que anda na direção contrária parece estar fugindo.

Come ci ricorda questa splendida frase di quel grandissimo poeta del Novecento che è stato Thomas S. Eliot, di fronte a una folla che si lascia condurre, procedendo alla deriva o che si piega come un campo di giunchi sotto il vento verso un'unica direzione, i pochi che si fermano, riflettono e decidono di invertire la rotta o di piegare il capo in senso opposto, vengono scambiati dagli altri per fuggitivi, per ribelli o stravaganti, anzi, per stupidi perché non sanno capire il vantaggio del lasciarsi condurre dalla marea, senza faticare nel passo e nella decisione. Naturalmente qui ci muoviamo nel mondo del simbolo e della lezione morale. È questa l'immagine che meglio ritrae l'agire quotidiano del Centro Comunitario "Oscar Romero"di São Paulo.

Una comunità gestita educativamente da laici, ma con referenti salesiani in qualità di supervisori pedagogici, dove il motivo della numerosa presenza di bambini/e e ragazzi/e è l'abbandono da parte di famiglie disgregate, non in grado di rispondere al loro bisogno di affetto, formazione, ascolto.

Quando trent'anni fa Irmã Guadalupe Lara Briceño[36] e Irmã Maria Grazzetto[37] si trovarono catapultate nella realtà tragica del bairro (quartiere) Guacurí non potevano immaginare che quelli sarebbero stati i loro primi passi nella direzione contraria.

Nell'agosto del 2007, intervistando Irmã Maria, alla domanda: Da cosa è incominciato tutto? Qual è stata la motivazione che vi ha portato ad agire fino alla realizzazione del Centro Comunitario? Mi sono sentita rispondere: "Abbiamo ascoltato i bisogni della gente del quartiere e per far fronte in modo concreto ai loro bisogni, giorno dopo giorno, siamo diventate la realtà che siamo".

Partire dai bisogni degli altri! Essere capaci di ascoltare e cogliere, magari anche in chi non sa leggere e scrivere, il suo progetto di vita. Formare comunità per realizzare insieme un progetto di vita portatore di senso.

Desidero riportare la storia e le battaglie del Centro Comunitario, che continuano tutt'oggi, per fare anche del percorso storico un'opportunità di riflessione. Perché per esistere bisogna resistere!

2.1 30 anni di (r)esistenza del Centro Comunitario "Oscar Romero"

---

[36] A tutt'oggi Coordinatrice Generale del Centro Comunitario "Oscar Romero" che fa capo all'Ispettoria Santa Catarina da Sena di São Paulo. È una religiosa della congregazione femminile Figlie di Maria Ausiliatrice, dette comunemente Salesiane di don Bosco.
[37] A tutt'oggi Procuratrice del Centro Comunitario "Oscar Romero". Sito http://www.oscarromero.org.br/.

Al termine di una ricerca approfondita, centrata non solo sulla mia esperienza personale e su quella di altri volontari[38] che mi hanno preceduta, ma anche sulla raccolta di testimonianze da parte di membri storici del Centro Comunitario Catolico e delle Obras Sociais Dom Oscar Romero, ritengo di poter affermare senza esitazioni che la storia del quartiere di Guacurí, nella periferia meridionale di São Paulo, sia intimamente legata alla presenza, alla guida e all'instancabile lavoro delle suore salesiane, Figlie di Maria Ausiliatrice. La loro opera, iniziata fin dalla fondazione dei primi insediamenti, ha sostenuto la comunità, anche se non ancora strutturata nella forma organizzata e capillare che caratterizza oggi il loro impegno.

Attraverso un'intensa riflessione e nonostante la mia posizione di osservatrice esterna, distante nel tempo rispetto ai trent'anni di storia che ho studiato, credo di aver colto almeno in parte l'impronta profonda lasciata dalle suore salesiane. Non solo hanno contribuito alla crescita e allo sviluppo di Guacurí, ma hanno posto le basi per la stessa esistenza della comunità, difficile e travagliata, sì, ma possibile. Un'esistenza che, se confrontata con quella di altre realtà altrettanto complesse della regione metropolitana di São Paulo, appare segnata da un filo di speranza che le suore hanno saputo intrecciare, anche in un contesto marcato da sfide geografiche, economiche e socio-culturali.

E con sorpresa, proprio cercando di raccontare

---

[38] In particolare i volontari del VIDES Internazionale: Alice Vioni, Francesco Dieli, Gian Luca Gozzi, Francesca Correggi e Andrea Basevi.

questa storia mi sono resa conto, in un Brasile ancora dominato da un modello di relazioni uomo-donna tutt'altro che paritetico, di trovarmi alle prese con una vicenda scritta quasi interamente al femminile.

Se non fosse per gli sforzi e la determinazione di questo gruppo di donne, cresciuto e cementatosi attraverso un'aspra stagione di lotte e rivendicazioni per una condizione di vita più degna e umana, di Guacurí oggi si dovrebbe scrivere una storia completamente diversa. Nei racconti che mi sono stati fatti, mi è stato possibile in qualche modo rivivere alcuni momenti cruciali del percorso di formazione della comunità dom Oscar Romero, come già detto difficilmente scindibile dalla storia del bairro di Guacurí nel suo insieme, e ho compreso come questo processo abbia profondamente aiutato la popolazione a costruire le basi per vivere una quotidianità più consapevole e dignitosa, attraverso la riscoperta dei valori personali e la difesa ostinata dei propri diritti e delle proprie scelte.

2.1.1 La storia e le linee d'intervento.

La regione della subprefettura di Cidade Ademar, ripartizione amministrativa situata nella zona meridionale del municipio di São Paulo e all'interno della quale si situa il bairro di Guacurí, assume originariamente tutte le caratteristiche del quartiere dormitorio. Negli anni '60, contemporaneamente al grande sviluppo industriale della città si assiste, infatti, al boom dell'immigrazione della popolazione rurale, proveniente dalle zone più arretrate del paese alla ricerca di nuove opportunità di lavoro.

È superfluo sottolineare come nella zona mancasse di tutto, dalle infrastrutture sanitarie di base come ad esempio il sistema fognario, l'elettricità e le strade asfaltate, ai servizi fondamentali, quali i trasporti pubblici e un ospedale che attendesse alle necessità della popolazione.

Forse non è però questo l'aspetto più drammatico della situazione che i primi abitanti della zona, alla metà degli anni '70, si trovano a fronteggiare. Le masse che una mancata riforma agraria ha spinto ai margini delle sterminate periferie urbane non riescono ancora a strutturarsi in comunità, mancando una forma basilare di aggregazione e di convivenza organizzata tra esse. É, in poche parole, un contesto dominato dalla lotta di tutti contro tutti per la sopravvivenza. Regna incontrastata la violenza e il sopruso. Le zone paludose non bonificate - corrispondenti all'incirca all'area oggi occupata da Parque Doroteia, nella zona bassa di Guacurí -, sono teatro di incidenti che vedono protagonisti soprattutto i bambini, che lì giocano perché non esistono altri spazi per farlo.

A portare un po' di speranza in questo quadro decisamente desolante, troviamo una Chiesa cattolica che sta attraversando un periodo di radicale trasformazione, ripensando il suo ruolo all'interno della società, e, con riferimento particolare al caso della società brasiliana, sempre meno concorda con la politica della giunta militare al potere, che pure la Chiesa aveva sostenuto al momento della sua ascesa. Sono gli anni che nell'America Latina testimoniano la nascita della Teologia della Liberazione[39], movimento che predica un coinvolgimento diretto della Chiesa vicina al popolo che soffre, caricando la sua missione di contenuti sociali.

L'insediamento delle prime suore salesiane nella zona si situa grossomodo attorno alla metà degli anni '70, con l'arrivo di Irmã Maria Gazzetto, seguita a breve da Irmã Guadalupe Lara Briceño. Entrambe giungevano con un passato da educatrici alle spalle, nei collegi del centro della città, ma avevano risposto all'appello di padre Arns[40] scegliendo la periferia per svolgere la propria missione, in sintonia con i nuovi orientamenti della Teologia della Liberazione e dell''operazione periferia' da lui appena lanciata.

La struttura sulla quale potevano fare affidamento era estremamente spartana, e di fatto tutte le attività si svolgevano in un salone adiacente alla chiesa del Verbo Incarnato, situata nella parte alta di Guacurí, se non nella loro stessa abitazione.

Il lavoro si è rivolto inizialmente alla popolazione adulta, e superato l'ostacolo iniziale di creare un primo contatto con gli abitanti del luogo, le suore hanno dato il via ad attività di taglio e cucito e lavori artigianali in genere, per quanto fosse possibile, considerando il contesto di grande scarsità di mezzi in cui si svolgeva il lavoro. In effetti, queste attività di tipo manuale possono essere viste, piuttosto che per il loro intrinseco valore, retrospettivamente, come un

---

[39] Corrente di pensiero cattolica, sviluppatasi in America latina, che tende a porre in evidenza i valori di emancipazione sociale e politica presenti nel messaggio cristiano.

[40] Paulo Evaristo Arns O.F.M. (Forquilhinha, 14 settembre 1921) è un cardinale e arcivescovo cattolico brasiliano. È conosciuto come teologo della liberazione, e divenne nella chiesa brasiliana uno dei protagonisti dell'opposizione alla dittatura militare.

espediente per coinvolgere e mantenere un contatto con la comunità locale, cercando di veicolare attraverso il gruppo di queste donne gli intenti dell'opera, creando innanzitutto un clima di reciproca fiducia tra la comunità delle suore e gli abitanti del quartiere.

Le suore hanno offerto prima accoglienza, conforto e ascolto alle persone che ad esse si rivolgevano per le necessità di ogni giorno. Spinte da questo esempio, un gruppo di sette donne accettò ben presto di aprire la propria casa per prendersi cura dei bambini che si trovavano abbandonati a se stessi nelle strade del quartiere, durante l'assenza dei genitori, fornendo alle suore un segnale stimolante per il proseguimento del loro lavoro.

A cavallo tra gli anni '70 e '80 si giunse alla formazione di un gruppo di circa 15 donne, che operavano come educatrici di strada e che facevano da tramite per coinvolgere un maggior numero di persone nell'attività di formazione e coscientizzazione della popolazione. Il lavoro si svolgeva andando nelle case, o parlando per strada, essenzialmente dialogando con le persone, dando loro ascolto e conforto, quando non fosse possibile fare fronte alle loro necessità più immediate.

È importante sottolineare lo sforzo di coscientizzazione promosso dalle suore, perché il fatto di schierarsi politicamente, in un contesto dove quotidianamente si assisteva alla sistematica violazione dei propri diritti, non era una scelta, ma, drammaticamente, l'unica possibilità di sopravvivenza. La maggior parte dei nuovi abitanti della zona, a contatto con una nuova realtà e con il difficile mondo di una metropoli in piena espansione quale era São Paulo all'epoca, grazie al continuo incoraggiamento delle suore, che accanto ad un'opera di formazione spirituale sapevano stimolare una riflessione genuinamente politica, non si sentì più sola e cominciò a prendere in mano le redini del proprio destino, attraverso la rivendicazione di spazi e diritti ai quali in precedenza non pensava nemmeno di poter avere accesso.

Due momenti di lotta, in particolare, uniscono la comunità e segnano il quartiere nelle ultime due decadi; la protesta per ottenere un pronto soccorso di prima necessità, e il presidio della popolazione del quartiere contro la creazione di una discarica di rifiuti, che la municipalità di São Paulo aveva intenzione di installare a ridosso della zona del Pantanal.

Questi momenti di lotta hanno permesso agli abitanti della comunità di acquisire un'identità comune, di affrontare uniti le sfide di ogni giorno per garantire a sé e ai propri figli una prospettiva di vita migliore.

Innanzitutto ci troviamo di fronte ad una costante emergenza sanitaria, perché nella zona manca a tutt'oggi un ospedale che faccia fronte in maniera esaustiva alle richieste della popolazione, in costante crescita, e costretta con molto pregiudizio a rivolgersi per cure ed esami medici a strutture ubicate nei distretti circostanti.

La distanza stessa, con i conseguenti costi di trasporto che implica, è un fattore che scoraggia il ricorso ai servizi sanitari, per le persone che vivono ai margini della soglia di povertà guadagnando a malapena il valore di un salario minimo (che attualmente è fissato per legge in Brasile nella misura di 300 reais, circa 95 euro).

A fare le spese di questa situazione sono soprattutto i bambini e gli adolescenti, che spesso, nella fase critica dello sviluppo, non hanno accesso alle cure base, con conseguenze gravi che possono manifestarsi negli anni successivi. Negli ospedali delle periferie le file di attesa sono lunghe, e il personale vive quotidianamente nell'impossibilità di offrire un servizio adeguato ai pazienti.

Un secondo aspetto preoccupante è senza dubbio legato all'emergenza abitativa che affligge la zona. La popolazione aumenta costantemente, sono già nate due generazioni da quando i primi abitanti si sono insediati nella zona, ma la costruzione di alloggi avviene lentamente e nel mancato rispetto delle basilari norme di sicurezza.

La mancanza di infrastrutture scolastiche è un altro punto dolente: l'area dispone di alcune scuole pubbliche (solo 5, contro 14 private), superaffollate, che funzionano in 4 periodi distinti della giornata.
A partire dal 2003, con l'apertura della scuola elementare di Parque Doroteia e del CEU (Centro di Educazione Unificata) Alvarenga[41], si è assistito ad un miglioramento nella qualità dei servizi educativi offerti nella regione a giovani e adolescenti ma il tasso di abbandono scolastico è elevato (nemmeno il 30% degli adolescenti tra i 15 e i 17 anni frequenta la scuola), e il sistema educativo pubblico brasiliano sta

---

[41] I CEU rappresentano da un lato una risposta alle necessità educative della periferia di São Paulo, dall'altro un esperimento all'avanguardia nella creazione di una nuova tipologia di centro di formazione.

attraversando un periodo di forte crisi, dovuto principalmente alla mancanza di strutture e allo scarso livello di formazione e motivazione del corpo docente.

Mancano inoltre aree per il tempo libero: fatta eccezione per il sopra menzionato CEU, la zona è quasi completamente sprovvista di parchi e zone funzionalmente adibite all'attività sportiva e ad attività ricreative e culturali. Per questo scopo, a livello privato, si assiste all'utilizzo di spazi ancora non edificati (ad es. campi da calcio), che non riescono però a soddisfare la crescente necessità.

Esiste anche un'emergenza di tipo ambientale: il tasso di inquinamento dell'aria e dell'acqua, nella regione, raggiunge livelli di allarme. Si fa strada parallelamente la necessità di svolgere a tutti i livelli un'attività di educazione ambientale che favorisca una coscientizzazione della popolazione circa la corretta gestione delle acque e dei rifiuti, per evitare l'insorgenza di rischi per la salute personale.

Un altro aspetto caratterizzante della zona è relativo, purtroppo, agli elevati alti indici di violenza. L'alto livello di narcotraffico affligge tutti i distretti che compongono la zona di Cidade Ademar, e si assiste ciclicamente ad ondate di crimini e regolamenti di conti ad esso legati.

Ciò che colpisce, ancora una volta, è l'incidenza degli atti di criminalità all'interno delle fasce di popolazione più giovani. Il tasso di mortalità per omicidio nella fascia tra i 15 e i 19 anni raggiunge il

---

[42] Fundação do Bem Estar do Menor de São Paulo, istituzione che si occupa della rieducazione dei giovani, fungendo di fatto da carcere minorile.

45%, e senza considerare questi esiti più drammatici, basta prendere in esame la situazione critica in cui versano le varie unità della FEBEM[42], sovraffollate e costantemente teatro di rivolte da parte dei detenuti, per suffragare quanto appena detto. A questo proposito vale la pena sottolineare che, secondo dati diffusi nel 1999 da parte della Segreteria di Assistenza Sociale dello Stato di São Paulo, la maggior parte dei giovani che si trovavano all'interno dei centri della FEBEM provenivano proprio dalla regione di Cidade Ademar.

Esiste poi un altro tipo di violenza che non viene allo scoperto, perché consumata silenziosamente all'interno delle mura domestiche, e della quale sono principalmente vittima le donne e i bambini. La dipendenza dall'alcool o da sostanze chimiche, di cui sono vittima prevalentemente i padri di famiglia, determina frequentemente episodi di disgregazione familiare, violenze domestiche e prostituzione, vissuti silenziosamente dalle donne, sulle quali praticamente ricade l'onere di sostentare l'intero nucleo familiare, spesso numeroso a causa dell'elevato numero di gravidanze che portano avanti fin da giovanissime.

A fare da sfondo a questo quadro già di per sé desolante, troviamo indici di disoccupazione elevatissimi, che ad esempio raggiungono nella regione quasi il 60% nella fascia dei giovani sotto i 18 anni.

La mancanza di formazione relega la maggior parte della popolazione adulta a compiere lavori professionalmente poco qualificati, scarsamente remunerati ed estremamente precari; nel caso della popolazione maschile, prevalgono tipi di attività nel ramo delle costruzioni, come ad esempio il muratore, o il vigilante della sicurezza privata. Per molte donne, vista la forte incidenza dell'analfabetismo, l'unica possibilità è trovare lavoro come collaboratrici domestiche o come piccole artigiane in proprio.

I pochi fortunati che dispongono di spazi per aprire un'attività che generi rendita, riescono ad aprire piccole panetterie a conduzione familiare, saloni di bellezza e parrucchieri, o negozi di commercio al minuto, specialmente nell'ambito della vendita di prodotti per l'igiene per la casa, o alimentari.

A partire dai dati appena enumerati possiamo forse comprendere meglio le dinamiche che portano la maggior parte dei giovani della zona a vivere esistenze destrutturate, senza possibilità di autoaffermazione, che spingono molti di essi a imboccare la strada della violenza e dei facili guadagni garantiti dal traffico di droga e da attività illecite, possibilità apparentemente facili per uscire dalla spirale della miseria e del sottosviluppo.

Per questo sono proprio i giovani a costituire oggi l'obiettivo principale del lavoro del Centro Comunitario Oscar Romero, pur in un'ottica che considera di fondamentale importanza il coinvolgimento delle famiglie di origine, come complemento indispensabile per un'azione educativa efficace e a tutto campo.

2.1.2 I nuclei educativi e le professionalità coinvolte

Il lavoro portato avanti dalle suore salesiane di

Guacurí a partire dalla fine degli anni '70 ha trovato una forma più compiuta e strutturata a partire dal 1984, con la creazione del Centro Comunitario Catolico e Obras Sociais dom Oscar Romero, dotato di personalità giuridica e registrato presso l'albo nazionale degli organismi di assistenza sociale.

Questa scelta si è imposta dopo l'esperienza dei primi anni, in cui si è evidenziata, infatti, in maniera inequivocabile, con la progressiva crescita del centro e l'assunzione di nuove responsabilità, la necessità di creare un'organizzazione più strutturata e in grado di far fronte al costante problema dell'insicurezza finanziaria. Questo nel convincimento che, solo attraverso un lavoro congiunto che avesse saputo coinvolgere soggetti istituzionali e allo stesso tempo cercare partnership all'interno del settore privato, si sarebbero raggiunti in maniera migliore gli obiettivi preposti, implementando tra l'altro un progetto economicamente più facile da sostenere nel tempo grazie alla collaborazione delle diverse parti sociali.

Tra i principali partner nel lavoro del Centro, troviamo oggi, oltre all'Ispettoria Santa Catarina da Sena, da cui la comunità delle suore funzionalmente dipende, anche la Segreteria Municipale di Assistenza Sociale e la Segreteria Statale per lo Sviluppo e l'Assistenza Sociale, che affidano al Centro la gestione di programmi di assistenza localizzati nella periferia meridionale della città, elargendo contributi che coprono parte delle spese di gestione.

Esiste poi un insieme di istituzioni, entità filantropiche, di tipo educativo e collaterale, che collaborano principalmente attraverso la fornitura di materiale didattico e di alimenti non deperibili, aiutando a sostenere le necessità quotidiane del Centro Oscar Romero.

Un altro esperimento che negli anni più recenti ha permesso di contribuire in parte al bilancio è stata l'organizzazione di piccole fiere e bazar, eventi di autofinanziamento organizzati dai diversi centri con la partecipazione della comunità, e in cui erano messi in vendita vestiti, oggetti artigianali, utensili e giocattoli.

Grazie ai legami con il Vides Internazionale, alcuni volontari, italiani e non, hanno già compiuto negli ultimi anni significative esperienze a São Paulo, mettendo a disposizione le proprie competenze per contribuire alle diverse attività di cui si compone la proposta del Centro Oscar Romero. Oltre a ciò, continua ad essere portato avanti il programma di adozioni internazionali a distanza, che oltre al contributo economico favorisce la divulgazione in altri paesi del lavoro portato avanti.

Oggi, a seguito di numerose vicende che hanno mutato nel corso degli anni la sua fisionomia e organizzazione generale, il Centro Oscar Romero si compone di sei strutture principali:

- la Creche (asilo) **Pingo de Gente**, situata di fronte alla parrocchia di Santa Terezinha già esistente all'epoca di padre Bruno sotto forma di opera sociale, con il nome di 'Creche Interação'. Sorta con lo scopo di aiutare le giovani madri che non potevano prendersi cura dei propri figli perché costrette a lavorare per mantenere la famiglia, la struttura passò attraverso una situazione finanziariamente difficile che si venne a creare con gli anni e che fu risolta solo con l'incorporazione della stessa all'interno dell'Entità Oscar Romero, avvenuta nel 1994. Ad essa sono seguite riforme tanto nella metodologia di lavoro, quanto nella struttura stessa dell'asilo, che è stato sottoposto a vari processi di restauro. Attualmente la creche Pingo de Gente si prende cura di circa 120 bambini della zona, con un'età compresa tra i 6 mesi e i 5 anni e così fornisce un'assistenza alle famiglie che, per problemi relativi al nucleo famigliare stesso, non possono accudire i bambini. L'asilo ha al momento una lista di attesa di quasi 300 bambini, il che dimostra quanto sia importante e necessaria la sua opera.

- la Creche **Aurora**, situata fuori dal distretto di Cidade Ademar, nella zona di Grajaú, anch'essa nata indipendentemente dall'Entità ma passata sotto la sua gestione nel 1999, a seguito dell'invito della Segreteria Municipale per le Politiche Sociali.
La zona di Grajaú rispecchia sotto molti punti le stesse condizioni socio-economiche di Guacurí, e la lista di attesa per iscrivere i bambini all'asilo è lunga, essendo la zona quasi completamente sprovvista di infrastrutture di questo tipo. Questa circostanza ha fatto in modo che venisse istituita una partnership con il Consiglio Tutelare della regione, per una valutazione congiunta dei casi più urgenti, relativamente all'inserimento dei bambini nella struttura. L'Aurora è un secondo asilo, anch'esso accoglie circa 120 bambini di età compresa dai 2 ai 5 anni. È l'unico nucleo del centro situato al di fuori della subprefettura di Cidade Ademar.

- il **Nucleo Socio-Educativo Santa Lucia**, situato nell'omonimo distretto di S. Lucia di Guacurí, è forse a ragione il nucleo 'storico' dell'Entità, perché fu tra i primi spazi ed essere funzionalmente adibiti all'attività del centro. Il terreno venne donato, infatti, nel 1987, e con la collaborazione di padre Bruno e delle suore si procedette alla costruzione di un primo salone plurifunzionale, grazie al quale fu possibile dare il via alle attività del PROFIC (Programa de Formação Integral da Criança), tra le quali artigianato, educazione ai valori, dinamiche di gruppo, disciplina e convivenza, con bambini e adolescenti dai 6 ai 14 anni circa.

Già dopo il primo anno di attività si procedette ad un ulteriore allargamento degli spazi, costruendo una cucina, i servizi, e altri due locali, il che permise una divisione più efficace dei gruppi dei bambini in base alla fascia di età.

Nel corso degli anni il centro ha acquisito ulteriori spazi, e alla fine degli anni '90 è stato inaugurato una seconda sala polivalente nella strada adiacente, il salone **Laura**, adibito ad attività di vario tipo: capoeira, officina artigianale, riunioni con i genitori, deposito per le donazioni ricevute, organizzazione di piccole fiere di autofinanziamento, corsi di alfabetizzazione per adulti; all'interno del programma nazionale MOVA.[43]

Offre attività di dopo-scuola suddivise in due turni, uno mattiniero e uno pomeridiano, a cui partecipano

---

[43] Il programma MOVA-Brasile porta avanti il processo di alfabetizzazione di giovani e adulti, cercando di sviluppare le capacità di scrittura e lettura, stimolando parimenti una visione critica della propria realtà. Per approfondimenti Istituto Paulo Freire http://www.paulofreire.org/.

circa 150 ragazzi per ciascuno. Le attività consistono sia in laboratori manuali e artistici (artigianato, danza, capoeira, teatro, canto) che nella trasmissione di valori (disciplina, convivenza, dinamiche di gruppo).

- la **Casa Aberta dom Bosco**, sorse nel 1996 a seguito di una ricerca condotta tra gli abitanti del Pantanal, con l'intento di dare risposta alle loro esigenze primarie, offrire uno spazio di aggregazione, durante i primi anni di vita del quartiere. Il progetto pilota della Casa dom Bosco, "Brasil Criança Cidadã" prevedeva l'accompagnamento didattico dei bambini del Pantanal, e dopo due anni si concluse con ottimi risultati scolastici per tutti coloro che ne beneficiarono.

Altri significativi progetti, nel corso degli anni, hanno avuto come beneficiari le famiglie, le donne in stato di gravidanza, giovani e adolescenti. Attualmente la casa dom Bosco, oltre ad essere la sede dell'attività di danza organizzata dal centro S. Lucia, è dotata di un laboratorio di sartoria, che attende le necessità dell'intera Entità Oscar Romero, e dispone di un centro di medicina alternativa (Bioenergetica), basata sull'autodiagnosi da parte del paziente e su cure a base di sostanze naturali.

La casa aperta è una vera e propria "casa del popolo", in cui vengono svolti incontri, riunioni, conferenze e attività soprattutto con adulti della zona, spesso genitori o nonni dei ragazzi seguiti dal centro. Risponde alla necessità di creare un centro di aggregazione dove la gente abbia la possibilità di incontrarsi e di trovare una riposta alle proprie necessità.

- le **Case Abrigo Auxiliadora I e II** sono i due orfanatrofi aperti 24 ore su 24 per 365 giorni l'anno, dove, a partire dal 2000, sono ospitati in forma residenziale circa 60 bambini tra 0 e 7 anni, affidati all'istituzione a seguito di un ordine giudiziale del Consiglio Tutelare della zona sud di São Paulo, perché vittime di situazioni di abbandono, povertà, violenza domestica e abuso sessuale all'interno della famiglia di origine. Di tutti i centri che compongono l'Entità, le Case Auxiliadora I e II constano del maggior numero di personale (circa 60 persone), per far fronte alle innumerevoli necessità che il particolare tipo di attività svolta pone ogni giorno.

La prospettiva in cui si svolge il lavoro è quella del reinserimento del bambino nella sua famiglia di origine, o, nel caso ciò non sia possibile, e sempre a seguito di un parere positivo del giudice, in una famiglia adottiva, o in un centro di lunga permanenza, essendo il tipo di assistenza fornito dalla casa esclusivamente di carattere transitorio. In relazione alla fascia d'età, il centro si preoccupa anche del reinserimento scolastico negli asili e nelle scuole pubbliche, disponendo di personale impiegato specificamente per il trasporto dei bambini nelle apposite strutture.

Il metodo utilizzato dagli educatori mira a ricreare un clima di serenità e di festa, di accoglienza e amorevolezza, senza però tralasciare la dimensione dello sviluppo integrale del bambino, attraverso attività fisiche, di tipo manuale, giochi di gruppo a canti all'insegna dei valori di solidarietà, cooperazione, rispetto.

Al di fuori degli orari di routine (pasti, igiene personale e attività organizzate di gruppo), i bambini sono spesso lasciati liberi di interagire tra loro, per apprendere modalità di convivenza e di rispetto per l'altro.

L'attività del centro non si esaurisce comunque nell'attività educativa con i bambini, essendo previste una serie di attività di accompagnamento, quali ad esempio incontri periodici con i genitori, visite domiciliari e contatti con le istituzioni competenti, al fine di fornire un supporto quanto più completo ai singoli casi.

Dal gennaio 2007 l'orfanotrofio Auxiliadora, nato come unica struttura, dopo aver cambiato più volte sede, è stato suddiviso in due case Auxiliadora I e Auxiliadora II, poco distanti una dall'altra.

Questa modifica della struttura è avvenuta poiché, suor Guadalupe, direttrice del nucleo, ha rifiutato la proposta dello stato di São Paulo di alzare l'utenza della struttura da una media di 55 bambini a 100. Come viene affermato nello "Statuto per l'infanzia e l'adolescenza", gli orfanatrofi dovrebbero essere nuclei quanto più piccoli possibile, per evitare che diventino luoghi non salutari per i bambini. Esiste una legge federale (dello stato centrale), denominata "Legge Organica per l'assistenza sociale", che ne regola le modalità. Il problema è che lo Stato non condivide questa legge, volendo fare meno strutture, ma più capienti; a livello municipale esiste un "Consiglio municipale del bambino e dell'adolescente" che invece accoglie la Legge Organica, fissando un tetto massimo di 20 bambini per struttura.

Il Centro Oscar Romero aveva in gestione una struttura dello Stato, il quale ha richiesto un aumento del numero degli accolti nell'edificio; per questo Guadalupe ha deciso di abbandonare la convezione con lo Stato per aprire due orfanatrofi più piccoli, di 20 bambini ciascuno, in modo da ottenere questa volta dal Municipio il "Certificato di Filantropia" che garantisce l'esenzione di ingenti spese di gestione per strutture di questo tipo.

- il **Projeto Jovez**, che si trova nel bairro di Americanopolis, è nato nel 1999 su invito della Segreteria di Assistenza Sociale di São Paulo per far fronte ad una realtà di violenza e criminalità minorile che andava caratterizzando sempre di più la subprefettura di Cidade Ademar, secondo i dati forniti dalle statistiche ufficiali del tempo.

Il Centro Oscar Romero ha ricevuto questo invito grazie all'impegno già avviato con i giovani delle vicine aree di Pedreira e Guacurí e, nello stesso anno, ha lanciato il progetto Jovez *(Jovem, é sua vez!)*. L'obiettivo era creare uno spazio sicuro e stimolante dove ragazzi e ragazze tra i 15 e i 18 anni potessero, al di fuori dell'orario scolastico, frequentare corsi pre-professionalizzanti e partecipare ad attività di gruppo. Il progetto mira a formare i giovani come cittadini consapevoli, attraverso la scoperta delle proprie capacità e la presa di coscienza di sé, costruendo con impegno quotidiano le basi per un percorso di crescita e riscatto personale e sociale.

Le attività proposte dal centro sono estremamente variegate, e se da un lato i corsi di inglese e portoghese cercano di aiutare il giovane a colmare un deficit educativo dovuto alla scarsa qualità dell'insegnamento scolastico, con le attività di danza, capoeira, teatro, educazione artistica, e si integra l'offerta con una gamma di attività di tipo espressivo, fondamentali nella costruzione dell'identità e nella coscientizzazione personale.

A tutto ciò si aggiungono attività più strettamente 'professionalizzanti', come il laboratorio di panificazione, il corso di tecnica amministrativa e l'attività di alfabetizzazione informatica e digitazione, che la partnership con il SENAI (Serviço Nacional de Aprendizagem Industrial) ha permesso di certificare ufficialmente con un attestato, estremamente utile al momento dell'accesso dei giovani nel mercato del lavoro.

Anche nel distretto di Americanópolis, dove è situato il progetto, prevalgono condizioni di bassa rendita all'interno della maggior parte dei nuclei familiari, e il centro ha negli ultimi tempi indirizzato la sua azione proprio a favore dei casi dei giovani più a rischio, a seguito di una ricerca condotta dagli stessi ragazzi in merito alle condizioni socio-economiche delle famiglie di appartenenza.

Le professionalità coinvolte nella gestione dei differenti nuclei educativi sono estremamente eterogenee. Prendiamo in esame le risorse umane del NSE Santa Lucia, e scopriamo che ci troviamo di fronte ad una comunità educativa dove, indipendentemente dalla mansione specifica assegnata, tutte le risorse umane sono chiamate a cooperare nel progetto educativo.

La comunità Oscar Romero in cui ho operato a Guacuri è connota in modo inequivocabile già dalla scelta del nome che include la prospettiva del lavoro e la missione che le suore si sono preposte.

Dom Oscar Arnulfo Romero, personaggio simbolo nella storia della Teologia della Liberazione, assassinato il 24 marzo del 1980, in qualità di vescovo di San Salvador dedicò la sua vita ad aiutare i poveri del suo paese e dell'America Centrale, annunciando una speranza di libertà al popolo che soffriva sotto l'oppressione di un regime appoggiato da un numero ristretto di famiglie influenti, e mantenuto in vita da una feroce repressione militare. Romero profetizzò una nuova terra e la costruzione di una fratellanza che potesse unire e allo stesso tempo riscattare le fasce più oppresse ed emarginate della società.

Un'altra figura cruciale, per comprendere l'orientamento educativo scelto dal Centro, è sicuramente quella del pedagogista e importante teorico dell'educazione brasiliano Paulo Freire, pioniere nella sperimentazione di metodi pedagogici e di alfabetizzazione delle masse più emarginate, enunciati nel suo celebre libro *"La pedagogia degli oppressi[44]"*.

Dal Brasile verso il resto dell'America Latina per poi giungere in Africa egli si è dedicato ai più poveri o, per usare le sue stesse parole, agli oppressi. Lavorando nelle favelas o bidonvilles, che si distendono nelle periferie delle grandi metropoli del Terzo Mondo, Freire si è assunto l'impegno inviolabile di rispettare l'individualità e il mondo di chi incontrava. Egli non si è recato nei quartieri

---

[44] Si veda Paulo Freire *La pedagogia degli oppressi*, EGA, Torino 2002.

poveri per trasmettere le conoscenze del mondo occidentale ma ha cercato innanzitutto di sviluppare nelle popolazioni un proprio senso critico al fine di comprendere la propria realtà. Il suo intento era quello di aiutare i popoli oppressi ad avere una propria visione dinamica della realtà e non a ricevere passivamente dei contenuti studiati a tavolino in qualche remota Università occidentale.

Calato nella realtà di oggi, questo proposito impone la scelta di una metodologia che parta innanzitutto da una conoscenza approfondita della realtà di riferimento, quella delle degradate periferie urbane appunto, e che, senza dogmi né imposizioni, sappia realisticamente essere flessibile per adattarsi ad un universo di casi estremamente diversificato.

La filosofia del coinvolgimento in prima persona, della propria esperienza come testimonianza per gli altri, ha portato tre anni fa, a seguito di un cammino di riflessione condiviso da tutti gli educatori che fanno parte del Centro durante gli incontri periodici di pianificazione, ad un cambiamento nella denominazione ufficiale delle strutture che costituiscono il Centro, passate ad essere da semplici nuclei quali erano in precedenza, vere e proprie *comunità educative*.

In questo processo di cambiamento, molto più che semplicemente di forma, appare chiaro l'intento di costruire legami più forti con la società civile che costituisce il tessuto connettivo stesso del Centro, partendo dalla constatazione che solo attraverso la condivisione degli sforzi da parte degli educatori e delle famiglie è possibile raggiungere traguardi più significativi e duraturi nel processo educativo che ha come protagonisti giovani e giovanissimi della regione Cidade Ademar.

Allo stesso tempo, partendo da questa nuova denominazione, è possibile riflettere sul modo in cui è intesa oggi la missione educativa del Centro; che si parli di asili, convivenze per giovani ragazzi, centri di formazione per adolescenti, o corsi di alfabetizzazione per adulti (le diverse realtà che compongono il Centro Comunitario Oscar Romero), la scelta è sempre a favore della cosiddetta educazione 'informale' o 'non-curricolare', cioè di tutto quell'insieme di conoscenze e valori difficilmente trasmissibili in un rapporto docente-alunno di tipo classico, ma che richiedono invece un approccio 'paritario' in cui sia dato spazio all'individuo in prima persona, al giovane, che da oggetto dell'azione educativa ne diventa il soggetto protagonista.

Questa meta esige un rinnovato sforzo per mettere in atto una comunicazione ancora più efficace tra i diversi soggetti che compongono il vissuto quotidiano del Centro, siano essi educatori ed educandi, padri e figli, fratelli e sorelle, grandi e piccoli, che indistintamente si impegnano a vedere nel prossimo una persona della quale si è in un certo senso responsabili, e della quale è necessario prendersi cura.

Proprio perché l'intento principale non è quello di trasmettere competenze specializzate, quanto piuttosto di responsabilizzare il giovane e aiutarlo nel recupero della propria autostima (in questo caso ci si riferisce principalmente al caso dello Jovez, e cioè del tipo di attività portata avanti con i ragazzi più grandi), uno dei momenti più difficili è proprio la scelta degli educatori che andranno a svolgere il delicato lavoro di accompagnamento con i giovani.

È difficile trovare soggetti che, accanto alle conoscenze specifiche necessarie, siano anche in possesso del profilo richiesto dalla particolare metodologia pedagogica richiesta, basata appunto sul metodo costruttivista che punta ad una conoscenza che si costruisce insieme e rappresenta un modo di vivere, lavorare e studiare.

L'attività quotidiana contempla, infatti, oltre alle attività programmate, frequenti momenti di incontro discussione e riflessione, e spetta proprio all'educatore riuscire a coinvolgere il giovane, facendogli percepire l'importanza di dare il suo contributo personale alla discussione dentro il gruppo, superando le inevitabili diffidenze che impediscono una sua piena e fruttuosa partecipazione.

L'educatore in questa ottica deve avere la disposizione giusta per lavorare e saper anche donare il proprio tempo, mettendo in secondo piano, se necessario, il puntuale svolgimento delle attività programmate, privilegiando lo sforzo per far sì che il giovane si senta realmente accolto all'interno di una seconda "famiglia", dove possa trovare spazi di espressione e autoaffermazione. Non esistono ruoli fissi, e il personale di servizio ha spesso avuto la possibilità di compiere esperienze lavorative nelle varie comunità di cui il Centro si compone, al fine di pervenire ad una conoscenza quanto più completa del contesto in cui opera.

Allo stesso tempo è richiesta una grande flessibilità e spirito di adattamento, insieme ad una spiccata capacità di ascolto, che privilegia la comunicazione come momento centrale dell'azione educativa, anche ad esempio quando il ragazzo sbaglia e deve essere corretto; non è sufficiente riprenderlo e punirlo, mostrare dove sta l'errore, ma è indispensabile indicare un'alternativa percorribile, perché il dialogo e la comprensione non possono mai mancare nel rapporto che si viene a creare, sicuramente prioritario rispetto alle conoscenze che effettivamente si riescono a trasmettere.

2.2. *L'azione educativa: progetto Essere persona*

Chiunque consideri la propria e l'altrui vita come priva di significato è non soltanto infelice, ma appena degno di vivere.

Albert Einstein

Il progetto Ser Pessoa/Essere persona è stato sviluppato all'interno del N.S.E. Santa Lucia nell'anno scolastico 2006/07. Coinvolgeva 300 bambini e adolescenti dai 6 ai 15 anni. Presentiamo alcuni estratti del progetto:

Obiettivi generali
Dare al bambino e adolescente in situazione di vulnerabilità e rischio sociale e personale, l'opportunità per la sua crescita integrale con l'obbiettivo di migliorarne l'inclusione sociale, l'autonomia e il diritto di cittadinanza.

Obbiettivi specifici

- ✓ Offrire al bambino e all'adolescente l'opportunità di soddisfare le sue necessità basiche;
- ✓ Incentivare l'autostima;
- ✓ Ampliare l'universo culturale;
- ✓ Sviluppare la socievolezza;
- ✓ Cambiare i comportamenti antiecologici.

Indicatori da monitorare
- ✓ *Autostima*: Comportamento sociale e individuale, relazionamento, atteggiamenti, espressione verbale e non verbale. Costruzione dell'immaginario: teatro, danza… Partecipazione e sviluppo nelle attività.
- ✓ *Socievolezza*: Verbalizzare i sentimenti, rispetto a sé e agli altri, capacità di sopportare le frustrazioni, capacità di dialogo e negoziazione. *Universo culturale*: Aumentare il repertorio verbale, accesso ad attività culturali, livello di interesse, protagonismo.
- ✓ *Comportamenti antiecologici*: Cambiare il comportamento, interesse per la conoscenza, consumo critico, rendersi attivi sensibilizzatori.

Metodologia:
Il lavoro sviluppato enfatizza la partecipazione, il lavoro in gruppo e l'autonomia dei bambini e adolescenti. Si realizza attraverso attività a partire dal tema generatore *Ser Pessoa,* che si suddivide in tre sottotemi, il lavoro è sviluppato durante tutto l'anno,

differenziato per le diverse fasce d'età e si presenta
come segue:

Incentivar a Auto Estima	
Ações	*Instrumentos*
✔ Atividades incentivadoras; ✔ Montagem de espaços lúdicos; ✔ Retorno positivo (avaliações).	Observação, mapa de tendência, auto avaliação, avaliação grupal, performance. Apresentações, atividades grupais depoimentos, fotografias, registro de fatos, etc.

Sociabilidade, ampliar o universo cultural	
Ações	*Instrumentos*
✔ Dinâmica de grupo; ✔ Sócio-drama; ✔ Atividades cooperativas; ✔ Jogos cooperativos, esporte; ✔ Dança, teatro, música, capoeira; ✔ Cinema, museus, parques, concertos; ✔ Exposições, filmes, feiras, passeios...	Ficha de observação e avaliação da sociabilidade, auto avaliação, avaliação grupal, sócio-grama, fotografia, filmagem de situações; Numero de debates, relatos/depoimentos, feiras e apresentações, fotos e filmagens, apresentações de teatros, desenhos, murais, registros de relatos, workshop

Mudar Comportamento Anti-ecológicos	
Ações	*Instrumentos*

<table>
<tr><td colspan="2" align="center">Mudar Comportamento Anti-ecológicos</td></tr>
<tr><td>

✔ Pesquisa teórica;
✔ Atividades conscientizadoras ;
✔ Atividades sensibilizadoras;
✔ Jogos ecológicos

</td><td>

Bibliografia, questionários, entrevistas, visistas monitoradas, palestras, filmes, letras de músicas, experimentações, exposições, artesanatos de reciclagem, mutirão de limpeza.

</td></tr>
</table>

Il metodo di valutazione coinvolge tutti gli attori dentro la filosofia della partecipazione, autovalutazione e valutazione di gruppo. È stata proposta un'attività di valutazione all'inizio, a metà e alla fine di ogni attività. Settimanalmente in piccoli gruppi, mensilmente nella revisione/progettazione con gli educatori e nelle riunioni con i genitori.

Lo spazio dato al momento della valutazione, per le specificità sopra indicate, si trasforma in formazione e riflessione sull'agire educativo per tutti gli operatori del Centro.

3. Radiografia di una esperienza: il volontariato come risorsa educativa

3.1 Il VIDES, volontariato come risorsa educativa

Si è a casa sotto il cielo.
Si è a casa dovunque su questa
terra se si porta tutto in noi stessi.

Etty Hillesum

Il V.I.D.E.S., Volontariato Internazionale Donna Educazione e Sviluppo, è una ONG che promuove e realizza progetti di sviluppo, lavora per la difesa dei diritti umani, soprattutto dei più emarginati, promuove la formazione e l'educazione di giovani e bambini nei paesi in via di sviluppo. La sua missione secondo il carisma salesiano è l'educazione dei giovani specialmente quelli che hanno meno possibilità di riuscirvi nella vita, con uno sguardo preferenziale verso la donna, la giovane, la bambina. Il suo impegno si evidenzia nei seguenti settori:

✓ servizio educativo e di promozione allo sviluppo/ diritti umani
✓ sostegno a distanza
✓ microprogetti
✓ animazione

---

[45] Collocate nella regione della subprefettura di Cidade Ademar, ripartizione amministrativa situata nella zona meridionale del municipio di São Paulo e all'interno della quale si situa il bairro di Guacurí, nato come quartiere dormitorio. Negli anni '60, contemporaneamente al grande sviluppo industriale della città si assiste al boom dell'immigrazione della popolazione rurale, proveniente dalle zone più arretrate del paese alla ricerca di nuove opportunità di lavoro.

Il servizio educativo e di promozione allo sviluppo, diritti umani inclusi, è il fulcro del lavoro presso il Centro Comunitario "Oscar Romero" di San Paolo del Brasile con i bambini di strada. La finalità è di promuovere umanamente e socialmente i minori di strada provenienti dalle vicine *favelas*[45], sviluppando attività volte a favorire un percorso di crescita personale che sostenga - attraverso azioni socializzanti, formative e di generazione di reddito - il loro inserimento sociale.

I rapporti di relazione tra i volontari divengono una parte fondamentale del modo di essere di un volontario.

Quello del volontario è un fare che porta ad interrogarsi, è un'azione che, comportando il continuo confronto con la diversità, conduce alla continua verifica di sé, della propria posizione sociale, della propria funzione, della propria storia personale. È un modello di vita fondato sul riconoscimento di sé in relazione agli altri, sulla scelta, sulla responsabilità, sulla solidarietà.

Si scopre di quali valori etici, morali e spirituali è portatore il nostro personale stile educativo.

Essere un volontario Vides significa porre al centro della propria attività la difesa dei diritti umani, in particolare dei bambini delle donne e dei giovani.

Il volontariato è una relazione d'aiuto che dovrebbe sempre configurarsi come un intervento *educativo* volto ad accrescere le potenzialità dei soggetti coinvolti e la loro capacità di scelta.

È un movimento che deve mirare davvero alla promozione di qualcuno che è in stato di necessità, non perché il volontario ha le soluzioni pronte, ma perché si mette accanto e cammina con lui. In questo senso il volontariato ha una funzione educativa nel far scaturire il meglio, il positivo dell'altro, le sue risorse, chiamandolo alla corresponsabilità, alla condivisione del progetto, a risolvere i propri problemi. Per questo il volontariato è trattato soprattutto come strumento di produzione sociale, che opera cambiamenti attraverso il suo modo di essere.

A partire da maggio 2001 le associazioni del volontariato italiano si sono impegnate in un percorso di riflessione sulle proprie radici e sui propri valori con l'obiettivo di ripensare e riprogettare le condizioni per una presenza sempre più significativa nei contesti civili locali, nazionali, mondiali.

Tale riflessione si è concretizzata nella formulazione della *Carta dei valori del volontariato*[46], che all'art. 4 dice: "Il volontariato è, in tutte le sue forme e manifestazioni, espressione del valore della relazione e della condivisione con l'altro".

La mia personale esperienza come volontaria salesiana mi ha portato a riflettere sul senso di questo percorso. Per me essere volontario è agire per libera scelta, gratuitamente, al servizio di qualcuno che è in stato di necessità, lavorando all'interno di un gruppo, instaurando con le persone del gruppo un rapporto di reciprocità, specialmente tra i volontari che condividono la "fatica" e il modo di pensare, sentire e di agire gli impegni e le responsabilità assunte.

3.2 Esperienza sul campo 2006: teatro e oralità

---

[46] Di cui riportiamo il testo integrale in Appendice al Capitolo 3, Documento 1.

Viene qua presentata la relazione dell'esperienza di volontariato internazionale Vides da me effettuata nel periodo 2 agosto - 1 settembre 2006 a São Paulo (Brasile), insieme ad Alice Vioni, giovane studentessa di Scienze della Formazione all'Università di Bologna. Insieme abbiamo progettato e svolto i percorsi formativi realizzati per il Centro Comunitario "Oscar Romero". L'intervento educativo è stato inserito all'interno dei percorsi formativi della struttura socio-educativa Santa Lucia, situata nel bairro Guacurí che include la grande favela del Pantanal.

Il mondo della favela

Per quanto sia possibile documentarsi in merito, riteniamo sia molto difficile, se non impossibile, farsi un'idea più o meno veritiera del mondo della *favela*, raccontandolo dall'esterno senza sperimentare un contatto diretto con esso.

In Brasile i mezzi di comunicazione di massa affrontano l'argomento seguendo una prospettiva di parte, che tende semplicemente a relegare le *favelas* al ruolo di pozzo di dannazione delle moderne realtà metropolitane del paese, origine e allo stesso tempo fine di esistenze individuali destinate a scomparire

---

[47] Ademar Ferreira dos Santos nella prefazione al libro di Rubem Alves *La scuola che ho sempre sognato, senza immaginare che potesse esistere*, Emi, Bologna 2003, p. 6.

senza lasciare tracce. E parimenti, è intuibile che un ragionamento simile sia quasi una "necessità sociale", nella misura in cui solo attraverso questa sorta di rassegnazione/negazione la società brasiliana, in alcuni suoi segmenti opulenta più di quanto ci si possa immaginare, riesce a rappresentare a sé stessa, a convivere con il suo "altro", un'alterità espressa per l'appunto nel sistema della favela, in cui emarginazione e povertà sono elevate a regola di vita per una rilevante fetta della popolazione[48].

Due volontarie Vides a Guacurì

Siamo arrivate a Guacurí piene di paure e convinzioni personali che non si basavano sulla conoscenza diretta dei fatti, miste ad un'inguaribile curiosità. Eravamo consapevoli di compiere un salto nel vuoto verso una realtà completamente diversa rispetto al nostro mondo di riferimento.

Il 2 Agosto siamo arrivate a São Paulo consapevoli di trascorrere qui solamente quattro settimane. Ad accoglierci c'era Gian Luca Gozzi, volontario Vides in servizio civile che già da 10 mesi opera nelle strutture del Centro. È stato lui a guidarci nella conoscenza della realtà paulista e dell'opera della comunità Oscar Romero presentandoci i vari nuclei comunitari (bambini, educatori e suore) e, inoltre, ci ha aiutato ad inserirci in questa realtà sociale così differente dalla nostra.

Ricorrenze alle quali abbiamo partecipato

Un bambino ha bisogno di socializzare, confrontarsi, cooperare insieme agli altri per

---

[48] Si veda Zygmunt Bauman *Vite di scarto*, Laterza, Bari 2007.

conoscere e valutare le sue, le altrui capacità e limiti; ha bisogno di certezze e di solidità sia nei rapporti con gli altri che nella scansione del tempo quotidiano: tutto ciò si concretizza, nella visione degli educatori del Centro, attraverso il lavoro fatto insieme. Conosciamo il valore educativo delle feste; Durkheim ad esempio identifica il fenomeno festivo come un'occasione per il gruppo di riscoprire le proprie origini, in un recupero periodico della propria storia, dove la comunità rifonda se stessa e trova la propria ragion d'essere.

Ecco perché non mancano mai i momenti di festa per dare la possibilità ad ognuno di dimostrare le proprie capacità e sviluppare nuove idee e fantasie.

Le feste rappresentano quindi un momento importante delle attività realizzate nel Centro. Abbiamo potuto osservare la grande collaborazione e partecipazione tra educatori e bambini per la preparazione di addobbi e danze. All'interno del centro si festeggiano anche i compleanni dei bambini. Questo momento è vissuto da questi ultimi con particolare entusiasmo.

Obiettivi generali delle attività per l'allestimento e l'organizzazione delle feste:

- Creare un ambiente più stimolante con le decorazioni;
- Sfruttare le potenzialità dei bambini invitandoli a produrre disegni decorativi;
- Sviluppare l'attività motoria, musicale, espressiva, percettiva, visiva che può aiutare il bambino a crescere attraverso l'apprendimento di danze, canti, la recita di poesie;

- Favorire l'autonomia sul piano dei comportamenti, delle relazioni tra i coetanei e con gli adulti;
- Concentrarsi progressivamente su un compito e portarlo a termine;
- Avere fiducia in se stessi e nei propri mezzi sviluppando nei bambini l'autostima.

La fiducia in se stessi, nelle proprie potenzialità è l'elemento basilare che conduce ad investire tempo ed energie per l'autorealizzazione. Essa dona forza e tenacia per perseguire un obiettivo, permettendo anche di fronteggiare possibili fallimenti. Chi possiede un buon livello di autostima non si arrende dinanzi al fallimento, ma la contrario ne trae utili insegnamenti per il futuro. Avere fiducia in se stessi permette di essere liberi di forgiare la propria vita come si vuole e non come gli altri vorrebbero che fosse.

In questa logica di centralità socializzante del momento festivo, grande importanza è stata data alle feste di compleanno. È stato evidenziato che molti dei ragazzi che frequentano il centro non hanno la possibilità di festeggiare serenamente il compleanno a casa a causa di problemi di vario genere (difficoltà economiche della famiglia, mancanza di comunicazione tra i genitori, ecc.). Si è deciso quindi che tutti (ragazzi ed educatori) avrebbero festeggiato il compleanno al Centro.

Festa dos Aniversários

Decisamente molto interessante è stata la festa dos Aniversários alla quale abbiamo avuto la fortuna di assistere venerdì 25 Agosto. In questa occasione vengono celebrati i compleanni di tutti i bambini del Santa Lucia che sono nati nel trimestre precedente (nel nostro caso Giugno, Luglio e Agosto) e si ripete durante tutto il corso dell'anno appunto ogni tre mesi.

I festeggiamenti iniziano con la presentazione da parte di un gruppo di bambini del centro di un piccolo spettacolo preparato proprio per l'occasione: era il turno del gruppo dei medius (sia maschi che femmine) che si sono esibiti in un balletto sulle note di un brano del famoso musical Grease. Dopo le danze si sono raccolti tutti i festeggiati attorno alla torta preparata dagli insostituibili cuochi e i bambini della comunità hanno dedicato loro la canzone "Parabéns" tutti in coro. Come in tutti compleanni che si rispettino è venuto anche il momento del regalo: gli educatori hanno consegnato un presente (un piccolo dolce, una tavoletta di cioccolata, un sacchetto di caramelle, sempre accompagnati da un biglietto augurale personalizzato) in ricordo della giornata. Molte le attività tra cui il laboratorio di pittura del volto al quale abbiamo preso parte.

Festa di São João

Sabato 12 agosto abbiamo partecipato alla festa di São João organizzata dalla Casa Abrigo Auxiliadora alla quale erano invitati tutti i membri dell'Oscar Romero. Definita dalla tradizione cattolica *Festa junina*, commemora i santi São Pedro, Santo António e, principalmente, São João.

Nella Casa Abrigo Auxiliadora erano stati allestiti un piccolo Bingo, tutto l'occorrente per il churrasco (la grigliata di carne tipica di São Paulo), lo stand per bibite, pop corn (pipoca), torte e un minitendone dove i bambini potevano giocare e ricevere in premio dei giocattoli. Ci ha fatto molto riflettere il fatto che questi bambini, che sono stati allontanati dalle loro famiglie a causa di problemi giudiziari, abbiano vissuto l'atmosfera di festa con serenità e gioia restituendo una parvenza di "normalità". I nostri protagonisti avevano anche preparato un piccolo balletto in costume.

Festa di Dom Bosco

La festività di dom Bosco è stata celebrata presso il Progetto Socio-Educativo Santa Lucia il giorno 18 di Agosto. La finalità della festa era quella di far conoscere alcuni dei momenti più significati della vita di dom Bosco. Questa giornata è stata strutturata in modo tale da creare 3 momenti differenti nei quali i bambini venivano in contatto con la storia della vita di dom Bosco: all'interno del Santa Lucia gli educatori raccontavano della sua infanzia e in particolare del suo primo sogno[49] premonitore con la Madonna, nel salone Laura[50] si passava alle vicende del seminario tutto decorato da cartelloni con illustrazioni che ne rappresentavano le tappe più importanti. Infine al centro dom Bosco venivano spiegate le attività di educatore svolte con i giovani;

---

[49] All'età di 9 anni don Bosco ha il suo primo sogno. In esso Gesù e la Vergine gli preannunziano, sebbene in forma velata, la sua futura missione.

[50] Dedicato a Laura Vicuna che nacque a Santiago del Cile nel 1891. Rimasta orfana di padre all'età di due anni, si trasferì con la mamma in Argentina, dove frequentava il collegio delle Suore Salesiane. Morì giovanissima il 22 gennaio 1904, dopo essere diventata la bambina più generosa e simpatica di tutta la scuola. Laura fu beatificata da Giovanni Paolo II il 3 settembre 1988. La sua salma è venerata nella cappella delle Figlie di Maria Ausiliatrice a Bahía Blanca, in Argentina.

era stato allestito un gioco a squadre volto a verificare le conoscenze dei bambini sul pensiero e la storia personale di Giovanni.

LE ATTIVITÁ DA NOI SVOLTE AL SANTA LUCIA

Progetto Gruppo Medi - Dalla tradizione orale alla scrittura

L'oralità è l'insieme di tutti i tipi di testimonianza trasmessi verbalmente da un popolo sul suo passato, essa è, semplicemente, l'arte del narrare. L'oralità serve, sia per divertire, sia come veicolo per trasmettere delle storie e permette di fare commenti sulla società e ciò che succede in essa. I generi sui quali poggia la tradizione orale variano dal fantastico al comico puro, passando ai generi che servono d'introduzione a temi più vasti di discussione morale. Non raramente all'interno della narrazione si inserivano dei canti o ritornelli che spezzavano il ritmo del racconto. In ogni modo il valore intrinseco della tradizione orale è quello della "trasmissione". Per facilitare questo processo con il tempo è stata inclusa anche la scrittura che ha il pregio di conservare il patrimonio culturale di una realtà. La scrittura è dominio della mente e l'oralità, il suono è dominio del corpo. Esiste, infatti, un limite nell'unione tra oralità e scrittura che è quello di riuscire ad esprimere la dimensione corporea della tradizione (movimento, gesti, mimica facciale, voce). È proprio su questi aspetti noi intendevamo lavorare, e con noi gli educatori del centro, accrescendo l'interesse nei bambini sul proprio patrimonio culturale complessivo, quindi non solo sulla filastrocca o sulla trama di una storia, ma anche sull'intero significato che voleva trasmettere.

Presentiamo la scheda del progetto elaborato insieme agli educatori del Centro:

Progetto Gruppo Medi *Dalla tradizione orale alla scrittura*
Destinatari del progetto
N. classi: 1 N. insegnanti: 1 + 2 Educatori VIDES N. alunni: 20
FINALITA'
Acquisizione della capacità di comunicare e cooperare in un gruppo.
OBIETTIVI
Favorire le relazioni interpersonali, la spontaneità dei comportamenti, la comunicatività emotiva, la consapevolezza di sé e il senso di responsabilità nei lavori di gruppo.
DESCRIZIONE DEL PROGETTO
Nella cultura orale, la storia, il sapere, gli usi e costumi, le tradizioni, le regole sociali, tutto si tramandava da bocca ad orecchio, ossia con la parola. Tradizione orale con un valore intrinseco di "trasmissione" culturale. Affrontare un racconto o una canzone della tradizione orale è recuperare il messaggio di ieri e trasmetterlo alle generazioni future.
METODOLOGIA
La metodologia assunta e proposta è quella del canto corale e della drammatizzazione intesa come momento individuale e collettivo di tensione creativa. Libera esplorazione: attività ludico – motorie e sonore.
IDENTIFICAZIONE DELLE TEMATICHE SPECIFICHE
- Lettura del testo e ricerca di differenti versioni precipue della derivazione orale; - Lavori di gruppo; - Scrittura dei testi per realizzare una piccola raccolta dei canti con anche le variazioni.
ITINERARIO DI LAVORO
1. Verificare le capacità di scrittura del testo 2. Memorizzazione del testo con la relativa linea melodica 3. Formazione di un piccolo coro di voci bianche 4. Approfondimento della conoscenza di sé 5. Rapporto di coppia e di piccolo gruppo

6.	Rapporto col ritmo
7.	Utilizzo dello spazio
8.	Realizzazione di semplici danze sui canti appresi
9.	Elementi base di educazione musicale
10.	Breve concerto con danze da mostrare a un'altra classe

TEMPI DI SVOLGIMENTO DELLE ATTIVITA'
Modulo di quaranta ore. Dieci ore alla settimana.

MODALITA' DI SVOLGIMENTO
I bambini saranno sollecitati ad esprimersi liberamente attraverso la mimica, la parola e il canto, sia individualmente, sia in gruppo; saranno coinvolti in esercizi di improvvisazione e diverranno protagonisti attivi.

RICADUTA PREVISTA ALLA CONCLUSIONE DEL PROGETTO
Apertura delle relazioni interpersonali, maggiore spontaneità dei comportamenti e della comunicatività emotiva, aumento dell'autostima e della sicurezza tra i bambini e tra gli educatori.

PRODOTTI
Breve concerto con danze da mostrare agli altri bambini nel Salone del Centro.

MODALITA' E STRUMENTI DI VALUTAZIONE DEI RISULTATI
- Osservazioni in itinere,   - Testi e riflessioni realizzati dai bambini stessi,   - Autovalutazione dopo il concerto.

Una volta realizzata la traccia-progetto abbiamo iniziato l'attività con 20 bambini dai 9 agli 11 anni del turno del mattino dalle ore 8.00 alle 11.00, insieme all'educatrice Viviane che è stata di fondamentale supporto sia come interprete che nel prendere parte attiva al progetto.

Le attività da noi proposte erano diverse: a) attraverso una canzone popolare quale *"Papagaio Loiro"* verificare le capacità di scrittura del testo; b) memorizzazione del testo con la relativa linea melodica c) formazione di un piccolo coro di voci bianche per sviluppare delle basi di canto corale (respirazione, intonazione, postura del corpo, qualità dell'emissione vocale) e grazie ad altre canzoni quali

"*Meu Limão Meu Limoeiro*" e "*Teresinha de Jesus*" intervenire anche sul coordinamento motorio.

Partendo dal patrimonio culturale posseduto dai bambini è stato fatto un lavoro sulle conte, scioglilingua, filastrocche di loro conoscenza che hanno potuto condividere insieme sviluppando una maggiore consapevolezza dell'importanza dell'espressività attraverso la voce e il corpo. Questo tipo di lavoro è stato molto interessante oltre che per i bambini anche per noi volontarie poiché abbiamo potuto notare le disparità presenti all'interno di una fascia di età così limitata per quanto riguarda gli apprendimenti di base, incontrando bambini che sanno leggere e scrivere in modo adeguato e altri che hanno gravissimi problemi di letto-scrittura.

Per noi, di formazione europea, è stato uno shock scoprire che bambini con una scolarizzazione regolare di cinque anni erano portatori di così seri problemi di letto-scrittura. La nostra riflessione conseguente si è focalizzata su quanto possa incidere lo svantaggio socio-culturale della famiglia nella riuscita scolastica dei figli.

Come abbiamo potuto constatare con alcuni di questi bambini, se è vero che molti obiettivi formativi si possono perseguire indipendentemente dalla famiglia, molti altri non sono realizzabili senza di essa, che rimane importante al fine della costruzione e della definizione della personalità degli individui e come relazione di mediazione tra individuo e società.

Lettura del testo e ricerca di differenti versioni precipue della derivazione orale.

Abbiamo raccolto con i ragazzi e gli educatori materiali sui canti studiati per analizzarne le modificazioni nel tempo e le derivazioni culturali rilevabili dalla struttura armonica. Riportiamo a titolo esplicativo una parte di questo percorso:

Storia della canzone *Meu Limão, Meu Limoeiro*[51] (samba-sertanejo) ricostruita con i bambini.

Não se sabe com segurança a origem deste tema folclórico. O fato, porém, é que ele seria gravado várias vezes com sucesso. Apesar de existir no selo do disco de Fernandes a indicação *"folclore recolhido na Bahia por O. Cardoso de Menezes e Francisco Pereira"*, há indícios de que sua origem seja européia, sendo o tema conhecido na Alemanha e na Holanda. Com o título de *"Lemon Tree"* e acentuações rítmicas adequadas ao gênero country, foi ainda gravado nos Estados Unidos. Mas a trajetória da composição não pára por aí, prosseguindo vitoriosamente em 1966, quando Wilson Simonal, regravou-a numa versão adaptada ao estilo *"pilantragem"*, que o consagrara. Essa versão, em síntese, juntava uma roupagem dançante para os clássicos americanos, muito em voga na ocasião, a alterações melódicas que incluíam especialmente blue notes. Tal versão conquistou o público jovem, que sequer conhecia a melodia e a divisão originais.

Questa *samba-canção*, dolce e melodiosa, sulla quale i bambini danzano dondolandosi e facendo

---

[51] Oh mio limone, mio albero di limone / mia jacaranda / Sei passata di qui / sei passata di là / Brunetta, brunetta mia / con quel tuo corpo sinuoso / prego il cielo che tu non sia / la perdizione dell'anima mia. Trad. it. nostra.

scivolare i piedi da un lato e dall'altro, è in realtà una vera e propria canzone d'amore.

La *jacarandá,* pregiatissimo albero esotico, designa, nel linguaggio popolare di Bahia, la mulatta, simbolo della bellezza e della sensualità femminile, il cui corpo flessuoso e abbronzato ricorda al tempo stesso la liana e il filo di fumo del sigaro. L'albero di limone, che cambia aspetto e colore col mutare del vento, può invece essere assimilato alla donna volubile e incostante[52].

Da alcuni bambini era conosciuta con questo testo:
> *Meu limão, meu limoeiro*[53]
> *Meu pé de jacarandá*
> *Uma vez Tindorerê*
> *Uma vez Tindorará...*

Da altri bambini del gruppo appresa con questa variante:
> *Meu limão, meu limoeiro*
> *Meu pé de jacarandá*
> *Uma vez tindolelê*
> *Outra vez tindolalá*

Anche il lavoro sulle conte, scioglilingua, filastrocche si è rivelato molto interessante, soprattutto per noi, che abbiamo messo a confronto il nostro repertorio culturale italiano con quello dei bambini brasiliani. Solo per fare un esempio, il gioco *Un, due, tre stella!* In Brasile viene tradotto con

---

[52] Cfr. Magdeleine Lerasle *All'ombra della papaya. Il Brasile e il Portogallo in 30 filastrocche*, Mondadori, Milano 2004, p. 53.
[53] Si veda Maria Amália Corrêa Giffoni *Danças folclóricas brasileiras*, 2ª ed. São Paulo, Edições Melhoramentos, 1964.

Batatinha frita, um, dois, três! ovvero Patatina fritta, un, due, tre!
Riportiamo la struttura del gioco con le indicazioni dei movimenti:

Batatinha frita, um, dois, três!
Sorteia-se a criança que será a batatinha.
A criança sorteada para o lugar de batatinha frita fica de costas em relação às outras, distante alguns metros e de rosto "tampado".
O objetivo do jogo é chegar à batata frita sem ser vista. Todos devem andar ou correr enquanto o companheiro está de costas, dizendo:
Batatinha frita, um, dois, três !
Ao terminar a contagem, todos devem ficar imóveis para não serem vistos em movimento pelo colega que se volta rapidamente tentando flagrar os outros.
Se o consegue, aquele que foi flagrado deve voltar ao ponto de partida. Se não, mantém-se no lugar onde está, aproximando-se cada vez mais da batatinha frita.
O primeiro a tocá-la será na próxima vez a batatinha frita.

La struttura e sequenza del gioco motorio è identica al corrispondente gioco italiano.
L'unica variabile è il cambio della parola *"stella"* con *"patatina fritta"* nel passaggio da una cultura all'altra, ma sappiamo bene che ogni traduzione è parte di un contesto non solo linguistico e letterario, ma anche culturale, politico ed economico, con cui interagisce. In un certo senso ogni traduzione svolge il compito di un mediatore di cultura in una società sempre più globalizzata e multiculturale.

Progetto Majores: teatro "O Pequeno Principe"

L'arte drammatica, il teatro di per sé, costituisce un efficace mezzo di educazione per il fatto che fa appello all'individuo intero, alla sua profonda umanità, alla sua coscienza dei valori, alla sua più immediata e spontanea socialità.

Maria Signorelli[54]

La proposta didattica nasce dalla mia passione, condivisa anche dall'altra volontaria Alice Vioni per l'opera letteraria di Antoine de Saint-Exupéry[55], testo tra i più amati e tradotti al mondo.

La storia in sintesi è questa: in un piccolo pianeta, dove esistono solo tre vulcani e una rosa, vive il piccolo principe, che un giorno, seguendo uno stormo di uccelli migratori, inizia un lungo viaggio che lo porterà a visitare vari pianeti e a incontrare diversi personaggi, ciascuno dei quali sarà fonte di confronto tra la propria prospettiva di bambino e le diverse visioni del mondo proprie degli adulti.

Alla fine giunge sulla Terra, dove, al termine del suo viaggio incontra la voce narrante, un pilota con l'aereo in avaria nel deserto del Sahara.

Tra i due inizia un dialogo fatto di domande e scoperte reciproche, che, paradossalmente, arricchisce

---

[54] Maria Signorelli *Il bambino e il teatro*, Malipiero, Bologna 1957, p. 7.

[55] La prima edizione de *"Il Piccolo Principe"* uscì, in francese e in inglese, a New York presso l'editore Reynal & Hitchcock ai primi di aprile del 1943. L'opera fu poi data alle stampe in Inghilterra nel 1944, nel 1945 in Francia e nel novembre del 1949 in Italia da Bompiani. Negli anni successivi è stata tradotta in tutte le lingue. Attualmente la si può leggere in 103 lingue. È probabilmente il libro francese più tradotto nel mondo e uno dei dieci libri francesi più letti ancora oggi.

maggiormente l'uomo, che, per questo, non lo dimenticherà tanto facilmente, e sentirà il bisogno di trasmettere anche agli altri quanto appreso da quell'*"ometto"*. Questo scambio simboleggia anche il dialogo interno tra la parte infantile e la parte adulta della sensibilità dell'autore stesso, che guarda all'infanzia e alla sua autenticità con una certa nostalgia.

Il testo sottolinea:

Il rapporto tra adulti e bambini nel viaggio del piccolo principe.

Già dalle prime pagine emerge la visione negativa dell'adulto e dei suoi insegnamenti, fatti di regole e prescrizioni, che non tengono conto dei reali desideri e interessi del bambino, il quale viene obbligato a rientrare in schemi educativi fissi, e limitanti (il piccolo principe aveva sulle cose serie idee molto diverse da quelle dei grandi). Il bambino, infatti, ha bisogno di esprimere la sua creatività nel fare e osservare le cose del mondo, che vede e rappresenta con occhi spontanei, (come nel disegno del boa che digerisce l'elefante), ma che spesso non viene capita dai grandi, i quali sono concentrati su altri aspetti della realtà, quali i numeri, la scienza, lo status sociale, il denaro...

Nel rapporto tra il piccolo principe e il pilota si assiste, quindi, a un'inversione di ruoli: non è più l'adulto che insegna al bambino, ma l'"ometto" che, attraverso le sue avventure e i suoi discorsi, gli mostra un'altra prospettiva, quella autentica dell'infanzia, troppo spesso sottovalutata, dandogli anche la possibilità di ritrovarla in se stesso perché "solo i bambini sanno quello che cercano" e "bisogna sempre spiegargli le cose ai grandi".

Il tema del viaggio come processo formativo

Nel viaggio attraverso la galassia il piccolo principe ha la possibilità di "autoeducarsi" attraverso la conoscenza di vari mondi e il confronto con vari ambienti e personaggi, che sono per lui occasione di crescita. Numerosi sono gli adulti con i quali viene in contatto (re, vanitoso, ubriacone, uomo d'affari, lampionaio e geografo), ciascuno rappresentante dei "difetti"dei grandi, ciascuno solo e concentrato unicamente su se stesso. Da questi incontri il piccolo principe capisce soprattutto che ognuno ha bisogno di qualcun altro, e per questo inizia a cercare un amico.

Significativo è il fatto che trovi il suo amico in un animale, la volpe, che gli insegna che cosa vuol dire "addomesticare", l'essenza della vera amicizia e della vera conoscenza, "una cosa da molto dimenticata" dagli adulti. Per la volpe, ciascun amico è speciale perché è importante per ciascuno di noi, come la rosa che il piccolo principe ha lasciato sull'asteroide B612, e alla quale pensa di tanto in tanto. Nonostante sia un effimero fiore, essa è speciale per l'"ometto", e quindi importantissima, perché "non si vede bene che col cuore. L'essenziale è invisibile agli occhi".

Inoltre, questo animale gli ricorda anche l'importanza dei riti, altra cosa trascurata dai grandi, precisando che un rito non è solo una circostanza di rilevanza sociale, ma "è quello che fa un giorno diverso dagli altri giorni, un'ora dalle altre ore", e quindi ha una grande valenza simbolica e affettiva.

Altro incontro significativo è quello con un altro animale, il serpente, che gli spiega le diverse valenze del bene e del male, che rappresenta la possibilità di ritornare al suo pianeta, dimostrando il suo potere nonostante le sue sembianze limitate di creatura "sottile come un dito" e "senza zampe", sottintendendo il monito di non fidarsi delle apparenze.

Sintesi: concetti fondamentali

- Concezione positiva dell'infanzia;
- Conseguente ridimensionamento della visione del mondo adulto;
- Valenza negativa delle restrizioni imposte dalla società attraverso l'inculturazione;
- Viaggio come strumento di formazione;
- Incontri come occasione di confronto;

Per questo progetto abbiamo coinvolto il gruppo pomeridiano di adolescenti dagli 11 ai 15 anni tutti i giorni dal lunedì al venerdì dalle 13,30 alle 16. I ragazzi sono seguiti dagli educatori Cida, Margarita e Vilson che sono stati per noi aiuti preziosi per quanto riguarda l'approccio iniziale e le varie spiegazioni delle valenze simboliche del testo.

Ogni giorno cominciava con un primo momento di lettura del copione fatta sempre dai ragazzi con commenti sui significati e chiarimenti sul come rappresentare le varie scene teatralmente; successivamente sono stati proposti dei giochi di didattica teatrale incentrati sia sul lavoro di gruppo che sullo sviluppo delle singole capacità di interpretazione di diversi stati emotivi.

L'inizio del lavoro è stato per noi attivare l'interesse dei ragazzi su questa opera che non conoscevano e su un tipo di impegno al quale non erano abituati, ma dopo qualche giorno di attività e qualche gioco accattivante abbiamo sentito piano piano la curiosità crescere, fino a ricevere da loro stessi le richieste esplicite di assegnare le varie parti dei personaggi. È stata una grande soddisfazione vedere che anche gli educatori appoggiavano pienamente il nostro progetto ed erano pronti a portarlo avanti dopo la nostra partenza con l'obiettivo di metterlo in scena in occasione della festa di primavera del 22 Settembre.

Il 24 agosto sono stati consegnati i copioni dell'adattamento teatrale del testo ai ragazzi. In brasiliano. Non è stato facile preparare questo materiale visto che il nostro portoghese è molto limitato, ma lavorandoci tutte le notti, nonostante qualche umano errore, crediamo di aver fatto loro un buon "presente" (regalo).

Ci siamo spesso domandate in corso d'opera se *O Pequeno Principe* poteva attivare in loro dei desideri...e la risposta è stata palesata dai fatti. Quando il giorno dopo, data della Festa dos aniversarios, nonostante gli educatori avessero avvisato che non si faceva teatro, ci siamo viste arrivare i ragazzi con il copione in mano!
Loro avevano deciso che cosa fare e noi con immensa gioia siamo andate in aula a lavorare anziché festeggiare.

3.2.1 *Riflessione sull'esperienza 2006*

Ninguém educa ninguém, ninguém se educa a si mesmo, os homens se educam entre si, mediatizados pelo mundo."

Nessuno educa nessuno, gli uomini si educano in comunione con la mediazione del mondo.

Paulo Freire[56]

Siamo molto soddisfatte del tipo di lavoro che abbiamo impostato che per noi è stata un'occasione per crescere, per imparare facendo, nella convinzione che l'aspetto più importante di questa esperienza sia da individuare nel processo e non nel punto d'arrivo. Si apprende, si cambia, si esplora la vita propria e altrui per alimentare conoscenza, e certo per organizzare al meglio la propria sopravvivenza, ma, soprattutto, per perseguire fini di ulteriore avanzamento o forse perché «in ciascun uomo sono impresse le forme che a lui donerà la sua formazione e finché quest'uomo non giungerà a formarsi in virtù di quelle forme, la sua formazione non gli darà pace»[57].

Anche il progetto sul *Piccolo Principe* aveva l'obiettivo non di trasformare i ragazzi in attori professionisti, ma di attivare in loro un equilibrio della persona in se stessa e nel rapporto interpersonale verso gli altri e verso il mondo che per loro, essendo adolescenti, è ormai alle porte. Su di una cosa siamo convinte: tutti, in un certo senso, siamo "attori" «impegnati in un atto creativo che è la composizione continua delle nostre vite»[58].

È da notare come, anche quando il lavoro è prezioso soprattutto per chi lo compie dentro di sé, gli esiti più validi si ottengano sempre in un quadro collettivo elaborando insieme un progetto, sperimentandolo, interagendo gli uni con gli altri.

---

[56] Si veda Paulo Freire *La pedagogia degli oppressi*, EGA, Torino 2002.

[57] Gennari – Kaiser *Prolegomeni alla pedagogia generale*, Bompiani, Milano 2000, p. 85.

[58] Cfr. Mary Catherine Bateson *Comporre una vita*, Feltrinelli, Milano 1992.

Il teatro, come ci ricorda Eugenio Barba, «...*è un'isola galleggiante, un'isola di libertà. Derisoria, perché è un granello di sabbia nel vortice della storia e non cambia il mondo. Sacra, perché cambia noi*».[59]

Il nostro intento era quello di ricoprire, nei confronti dei bambini e dei ragazzi il ruolo di formatore-animatore che deve essere cauto e preparato per riuscire a facilitare e attivare un confronto guidato e attento alle dinamiche che di volta in volta si generano all'interno del gruppo. Questo richiede agli operatori della formazione una sincera adesione intesa come la qualità di chi, totalmente interessato ad un qualche argomento «...*agisce, come si suole dire, di cuore, o con tutto il cuore [...] Un maestro che sveglia un tale entusiasmo nei suoi allievi ha fatto qualcosa che nessuna somma di metodi formalizzati, non importa quanto corretti, potrà mai realizzare*»[60].

Abbiamo trovato riscontro in quello che crediamo, cioè nel metodo che ogni educatore debba adottare proprio nel gruppo di operatori della comunità Oscar Romero a cominciare dalle figure di coordinamento nelle persone di Irmã Maria, Irmã Guadalupe, Irmã Silvania, Irmã Graça e a tutti gli educatori che operano nelle diverse realtà dell'entità. A tutti loro va una meritata lode per l'energia, la passione, la dolcezza e l'amore che mettono quotidianamente con i ragazzi e che semina in loro la forza per costruirsi un domani migliore.

---

[59] Si veda di Eugenio Barba *La casa delle origini e del ritorno - Discorso di Varsavia*, in occasione del conferimento della Laurea Honoris Causa dall'Università di Varsavia il 28. 5. 2003.
[60] John Dewey *Il mio credo pedagogico, Antologia di scritti sull'educazione*. La nuova Italia, Firenze 1982.

3.3 Esperienza sul campo 2007: musica e canto

> *Che cosa significano per te il violino,*
> *o il pianoforte? Tu possiedi nella tua gola*
> *uno strumento dotato di un suono più bello*
> *di qualsiasi violino del mondo,*
> *se tu solo lo vuoi utilizzare.*

Zoltàn Kodàly[61]

Viene qua presentata la relazione[62] dell'esperienza di volontariato internazionale Vides da me effettuata dal 27 luglio al 24 settembre 2007 a São Paulo (Brasile), insieme ad Andrea Basevi[63], musicista e compositore che da anni si occupa di coralità infantile, con cui ho realizzato un percorso formativo musicale e corale presso la struttura socio-educativa Santa Lucia che è parte dei nuclei del Centro Comunitario "Oscar Romero".

Quando si affronta un'esperienza di volontariato uno dei principi da adottare è quello di non essere invasivi con la propria cultura e di adottare la loro assorbendola. Il metodo Kodály ci permetteva di agire senza imporre uno stilema musicale specifico, anche perché la musica popolare antica del Brasile usa le scale pentatoniche presenti in molte parti del mondo. Negli incontri con gruppi da 12 a 20 bambini di età compresa tra 6 e 10 anni abbiamo tentato di comunicare il piacere del canto attraverso la

---

[61] Zoltán Kodály (Kecskemét, 16 dicembre 1882 – Budapest, 6 marzo 1967) è stato un compositore, linguista, filosofo, etnomusicologo ed educatore ungherese.
[62] Questa parte è stata elaborata congiuntamente con Andrea Basevi.
[63] Docente di Armonia al Conservatorio Vivaldi di Alessandria.

conoscenza del do mobile associato ai gesti-suono suggeriti da Kodály.

Il metodo, nato in Ungheria, ha attinto alla musica popolare per creare un repertorio di canti su cui formare i giovani, ma il pensiero filosofico di Kodály è più ampio e senza confini. Prova ne è che il principio su cui si basa la metodologia sia esportabile in qualsiasi situazione musicale anche se diversa culturalmente da quella ungherese. Inoltre la specificità del metodo dà la possibilità che venga usato anche a fini terapeutici.

Questa è la ragione della scelta di attivare questo progetto di pedagogia della musica secondo i principi filosofici di Zoltán Kodály con i bambini del Centro.

Sono ora presentate le premesse dell'intervento che si fondano sulla nostra esperienza di educatori musicali con bambini dai 6 ai 10 anni svolta a Genova all'interno di alcune Scuole Primarie sia in orario curricolare che extracurricolare.

Educare con la musica, educare alla musica

La musica e l'educazione musicale, in particolare, sono prima di ogni altra cosa, strumenti di promozione ed espressione dell'individuo.

Educare con la musica significa usare la musica come mezzo per la socializzazione, per superare particolari situazioni di egocentrismo o di emotività, da parte di componenti di un gruppo o di una classe di bambini.

Educare alla musica significa far capire il linguaggio, i ritmi, il tempo, la melodia, l'armonia, facendo apprezzare tutti gli elementi della musica per quello che sono, educando allo stesso tempo, attraverso semplici azioni espressive, l'orecchio, la voce, il senso ritmico.

Il metodo Kodály
Il metodo Kodály è un pensiero pedagogico in grado di rispondere all'esigenza di un apprendimento globale, significativo, attivamente ed emotivamente partecipato. È un pensiero pedagogico in grado di favorire processi che coinvolgano l'intera persona, la sua immaginazione, sensibilità, corporeità.

Progetto Gruppo Piccoli e Medi - Educazione al suono e alla musica

Abbiamo deciso di utilizzare il canto come primo approccio alla musica poiché la voce è lo strumento più naturale e accessibile a tutti, uno strumento che permette di vivere in modo creativo l'esperienza musicale e di sviluppare l'orecchio. Con la voce l'uomo si mette in relazione con gli altri: il canto favorisce, quindi, il processo di adattamento e socializzazione, aiuta a sviluppare un utilizzo espressivo della voce e a dar sfogo all'emotività naturale dell'uomo.

Presentiamo la scheda del progetto elaborato insieme agli educatori del Centro:

Progetto Gruppo Piccoli e Medi *Educazione al suono e alla musica*
Destinatari del progetto
N. classi: 1 N. insegnanti: 1 + 2 Educatori VIDES

N. alunni: 20
FINALITA'
Favorire il pieno sviluppo delle potenzialità, spesso sommerse, di cui tutti gli alunni sono portatori. Potenziare le capacità di socializzazione e di cooperazione degli alunni. Valorizzare le "diversità", per un reciproco arricchimento.
OBIETTIVI
Gli obiettivi specifici sono di seguito descritti divisi nelle due fasi d'articolazione prevista: *Prima fase*: Elementi fondamentali dell'esperienza sonoro-musicale: la percezione (suono-silenzio, suono-rumori, ecc.); le caratteristiche del suono (altezza, intensità, timbro); il ritmo (spazio-tempo, strutturazione ritmico - musicale); l'uso della voce (suoni onomatopeici, canto corale, recitazione prosodica, ecc.); l'uso degli strumenti (suoni del proprio corpo, strumenti a percussione, ecc.); elementi di notazione e scrittura musicale; esecuzione di canzoni e brani a due voci.   *Seconda fase*: Realizzazione di una o più produzioni integrate (sonorizzazioni, drammatizzazioni, fabulazioni, costruzioni fantastiche, ecc.) per rafforzare lo sviluppo della socializzazione, dell'affettività e della creatività in una condizione d'entusiasmo e di collaborazione reciproca entro la quale si inserirà armonicamente l'esperienza sonora. La produzione, il cui tema e la cui realizzazione sarà ovviamente concertata con gli educatori, deve impegnare tutti gli alunni in un laboratorio creativo dell'interpretazione ritmico - gestuale del suono, della voce e dei suoni prodotti dal proprio corpo.
DESCRIZIONE DEL PROGETTO
Il progetto intende collocare l'attività didattica primaria musicale in modo funzionale all'interno di contesti espressivo - comunicazionali, assai più vicini all'esperienza diretta del bambino di quanto non lo possa essere il linguaggio musicale puro, sviluppando le abilità di base presenti in maniera spontanea in ogni bambino. Pertanto, partendo dalla considerazione che il sonoro musicale costituisce, sin dalla nascita, un naturale fattore dell'esperienza infantile, esso viene positivamente utilizzato in percorsi orientati sia alla scoperta e alla conoscenza delle proprie immagini sonore che ad una maggiore pienezza espressiva in senso gestuale, motorio, linguistico, privilegiando il gioco attivo, l'esplorazione e la ricerca, la vita di relazione.
METODOLOGIA
Gli argomenti saranno trattati in maniera parallela durante tutta la durata del progetto tramite attività ludico-motorie, ritmico - motorie, ludico-sonore, utilizzando tutti gli elementi della comunicazione, in

particolare il non verbale e il paraverbale. Verrà rispettata la mappa sensoriale del bambino, sarà favorito il momento della scoperta, dell'esplorazione, della creatività e dell'improvvisazione in ambito sonoro, come base di partenza per il dialogo sonoro, e sarà privilegiata la componente relazionale soprattutto durante il lavoro di gruppo.

ITINERARIO DI LAVORO
1. Uso della gestualità e interpretazione dei significati. 2. Ascolto, comprensione e produzione di suoni. 3. Ascolto e pratica corale di generi musicali diversi. 4. Pratica vocale solistica e corale. 5. Invenzione di ritmi e di melodie. 6. Esecuzione di canti con il ritmo gestuale e strumentale. 7. Concerto alla fine del percorso con i brani appresi.

TEMPI DI SVOLGIMENTO DELLE ATTIVITA'
Modulo di quaranta ore. Dieci ore alla settimana

MODALITA' DI SVOLGIMENTO
Le attività si svolgono al mattino, in compresenza e per piccoli gruppi.

RICADUTA PREVISTA ALLA CONCLUSIONE DEL PROGETTO
Eventuale saggio-spettacolo musicale finale.

MODALITA' E STRUMENTI DI VALUTAZIONE DEI RISULTATI
Osservazioni degli alunni relative a: • interesse, concentrazione, attenzione; • collaborazione tra bambini di diverse età e tra bambini ed educatori. • concerto finale, che potrà essere presentato agli altri bambini del Centro. Sarà utile anche come verifica delle capacità comunicative ed espressive di ciascun bambino e del pieno raggiungimento degli obiettivi educativi e didattici prefissati.

Presentiamo a titolo esplicativo alcuni degli esercizi proposti.

Esercizi e giochi di rilassamento e scioglimento della muscolatura.

   1. stirarsi imitando i gatti al risveglio e sbadigliare

2. chinare il capo in avanti lentamente e incurvare la spina dorsale ruotare il capo nelle diverse direzioni, sempre lentamente, ruotare le braccia, sciogliere le gambe

Esercizi di respirazione.

1. inspirazione nasale con mandibola rilassata, breve apnea
2. espirazioni con emissione di consonanti brevi: P, F, S
3. candela e fiammella accesa
4. inspirazione con il naso, tenendo la bocca leggermente socchiusa e rilassata, per evitare irrigidimenti della mandibola e del collo. Far precedere l'espirazione da una breve apnea

Vocalizzi per lo sviluppo della risonanza, dell'articolazione, dell'estensione vocale e dell'uguaglianza del registro.

1. cantillazione del testo con fonemi
2. vocalizzi graduali inizialmente su due sole note
3. testi ludici e umoristici per il vocalizzo alternati ai fonemi e alle vocali.
4. progressione tonale per grado nel registro medio grave a quello acuto e poi ritorno verso le note gravi.
5. gioco della Casina, con emissione di suono e sequenza di movimenti

Vocalizzi a più parti per la ricerca della fusione timbrica.

Esercizi chironomici all'unisono, due voci sulle quinte vuote.

1. gesti della mano secondo le altezze,

2. gesti col corpo (piedi, ginocchia, fianchi, spalle e testa)

3. esercizi di alternanza tra allievi e maestro

Composizioni didattiche.

Sono state utilizzate canzoni della tradizione popolare brasiliana e canzoni per bambini italiane tradotte in lingua brasiliana. Collaborando congiuntamente con l'educatore Vilson, che all'interno del Centro cura l'educazione musicale dei bambini, si sono evidenziate le strutture armoniche dei canti studiati con l'analisi delle influenze, che nel repertorio popolare sono maggiormente evidenti, in base al luogo di nascita del canto. Abbiamo proposto la canzone *A un gatto dissi "ciao"/ A um gato falei: "oi"*, su testo poetico di Roberto Piumini[64] che amiamo particolarmente per l'aspetto ludico dato dalla qualità della linea melodica, ma al contempo per la riflessione che il testo invita a fare sulle relazioni umane.

Il testo poetico:

A UN GATTO DISSI: "CIAO"[65]

A un gatto dissi: "ciao",
lui mi rispose: "miao".

A un cane dissi: "ciao",
lui mi rispose: "bau".

---

[64] Roberto Piumini, nato a Edolo nel 1947, vive e lavora a Milano. Ha pubblicato poesie, fiabe, racconti e romanzi per bambini e ragazzi, largamente tradotti all'estero, ma anche prose e raccolte di versi per adulti. È considerato uno dei più importanti autori italiani per l'infanzia.

[65] Si veda Roberto Piumini *Albero Alberto aveva una foglia*, Mondadori, Milano 1996.

A un lupo dissi: "ciao",
lui mi rispose: "uau".

A un uomo dissi: "ciao",
non mi rispose mai.

Tradotto in portoghese:

A um gato falei: "oi",
ele me respondeu "miao".

A um cão falei: "oi",
ele me respondeu "bau".

A um lobo falei:
"oi, oi, oi, oi, oi",
ele me respondeu "uau".

A um gato, gato, gato, falei: "oi",
a um cão, cão, cão, falei: "oi",

A um lobo, lobo, lobo falei: "oi".
a um homen falei: "oi",
não me respondeu,
não me risponde nunca.

Nell'immagine un frammento della partitura[66]

È stato possibile realizzare anche una danza strutturata che ci ha permesso di lavorare sul movimento, ma anche sulla capacità dei bambini di riconoscere una frase musicale e prevederne la durata, inoltre, i bambini cantando la linea melodica della danza, hanno utilizzato e quindi migliorato le potenzialità della loro voce.

3.3.1 Riflessione sull'esperienza 2007

La difficoltà principale incontrata è stata quella dell'attenzione nei bambini molto carente. Sappiamo bene quanto l'attenzione e l'assenza di problemi di carattere emozionale sono i pre-requisiti generali per ogni tipo di apprendimento.

---

[66] Andrea Basevi *Nel mucchio di parole*, Pizzicato Verlag Helvetia, Adliswil (Ch) 2008, p. 10.

In alcuni casi ci siamo dovuti confrontare con bambini con difficoltà di autocontrollo del proprio pensiero che è in associazione con due tipici problemi e cioè: 1) l'incapacità di mantenere a lungo l'attenzione su qualche cosa, e 2) l'impulsività.
Le strategie messe in atto per fronteggiare la situazione sono state:

- utilizzo di una didattica animativa che coinvolgesse i bambini nelle proposte in prima persona, dando l'opportunità al singolo o al gruppo nel suo insieme di costruire ed elaborare contenuti propri, di essere protagonisti del proprio apprendimento, di esprimere la propria attitudine e inventiva;
- scelta di un repertorio musicale calibrato sulle loro capacità per accrescere la fiducia in sé stessi;
- utilizzo della disposizione in cerchio come forma più usuale per l'incontro, la comunicazione, la condivisione di esperienze;
- giochi di contatto, anche corporeo, con noi e tra di loro per costruire l'identità del gruppo e favorire l'accoglienza, la valorizzazione, l'integrazione delle uguaglianze e delle differenze.

Abbiamo verificato e confermato negli anni l'importanza di costruire cornici ludiche intorno a qualunque tipo di proposta musicale si rivolga a bambini di questa fascia d'età.

Nel contesto di educazione non formale, in cui abbiamo operato, non esiste una distinzione tra gioco e apprendimento. Il bambino impara giocando e attraverso il gioco misura e accresce le sue competenze. Il gioco costituisce il fondamento stesso dell'attività musicale. A esso deve essere dedicata grandissima attenzione ed è estremamente importante che ci sia una disponibilità da parte dell'adulto a "giocare sul serio". La serietà, infatti, con cui ci si relaziona alla dimensione ludica aumenta agli occhi del bambino il fascino e l'affidabilità dell'educatore. La musica vissuta come un meraviglioso gioco è stato l'obbiettivo primario del nostro intervento.

Altro fattore problematico rilevato nei bambini è stato la mancanza di spirito critico, inteso come un atteggiamento riflessivo di chi non accetta nessuna affermazione senza interrogarsi sulla sua validità e che considera una proposizione come vera solo quando è stata verificata, ove possibile, o quantomeno attentamente considerata.

Siamo convinti che la musica possa aiutare ad acquisire un senso critico in modo da aprire la mente alle cose della vita. Il sorriso e l'allegria scaturiti da questi bambini durante i nostri incontri è stata la migliore medicina al loro dolore e sentimento di abbandono. La musica, forse meglio di altre forme di linguaggio artistico, è una porta aperta sulla psiche dell'individuo, lo aiuta a formarsi nella società con spirito critico. È insomma una terapia a lungo termine di cui il metodo Kodály è un semplice mezzo per raggiungere questi obiettivi.

La filosofia Kodály li ha aiutati a ritrovare un certo senso critico tale da invogliarci a proseguire negli anni futuri il lavoro con questi bambini. Stiamo cercando di organizzare per il prossimo anno scolastico un progetto di educazione musicale appoggiato dal comune di São Paulo in collaborazione con le scuole di musica presenti sul territorio che preveda uno stage/tirocinio degli studenti dei corsi di Didattica musicale con i bambini della favela, con cadenza settimanale e a gruppi-classe con un massimo di 15 alunni.

Durante la verifica degli apprendimenti dei bambini abbiamo tenuto conto di come la fase evolutiva è largamente caratterizzata da processi di assorbimento e incubazione che possono non sortire risultati immediatamente manifesti. Non va tralasciato, inoltre, che le attività concepite per lo sviluppo del pensiero musicale e l'alfabetizzazione sono correlate poiché esiste una forte analogia tra apprendimento del linguaggio parlato e apprendimento del linguaggio musicale. E, esattamente come accade per il linguaggio parlato, esponiamo i bambini a una stimolazione musicale superiore alle risposte che egli sarà in grado di restituirci nel breve o anche nel medio termine. Se i bambini non sono in grado di ripetere la melodia o il ritmo proposto nella sua interezza, possono tuttavia restituircene degli stralci o delle rielaborazioni. In questa maniera arricchiamo il loro vocabolario musicale e potenziamo la loro attitudine alla produzione autonoma e tutto questo ha una ricaduta diretta nello sviluppo dell'alfabetizzazione.

La verifica ultima, pertanto, dell'efficacia dell'intervento educativo non sta soltanto nella prestazione che i bambini forniscono in classe, ma soprattutto nella positività e ricchezza del loro vissuto, nell'adesione al processo, nella loro propensione a partecipare. Il risultato può non esserci qui, oggi. Esso può giungere altrove o domani. Ma se il bambino è stato bene, chiederà di continuare a giocare con la musica, per imparare ancora.

Per parte nostra, ambiamo a crescere un bambino che stia nel proprio corpo con gioia, che sia espressivo, coordinato e ritmico; un bambino che conosca e abbia fiducia nella propria voce, che produca ogni sorta di suoni, che ami cantare; che abbia i mezzi per ascoltare e produrre musica, in breve, che sia intelligente musicalmente. Ma non solo: aspiriamo a crescere un bambino socievole, creativo, cooperativo, in grado di fare domande, emotivamente aperto. Un bambino vivo.

4. L'educatore tra professionalità pedagogica e responsabilità sociale

Ninguém nasce feito, ninguém nasce marcado para ser isso ou aquilo.
Pelo contrário, nos tornamos isso ou aquilo. Somos programados, mas,
para aprender.
A nossa inteligência se inventa e se promove no exercício social de
nosso corpo consciente. Se constrói.
Não é um dado que, em nós, seja um a priori da nossa história
individual e social.

Paulo Freire

[Nessuno nasce fatto, nessuno nasce segnato per essere questo o quello. Al contrario, noi diventiamo questo o quello. Siamo programmati, ma per apprendere. La nostra intelligenza si inventa e si promuove nella relazione sociale del nostro corpo cosciente. Si costruisce. Non è ammesso che, in noi, ci sia a priori la nostra storia individuale e sociale[67].
]

In questo capitolo affronteremo a grandi linee i fondamenti della Pedagogia Sociale poiché in essa collochiamo la figura dell'educatore che assume su di sé la responsabilità sociale[68]. Nell'attuale contesto socio culturale, numerosi educatori, in particolare, nell'ambito dell'associazionismo educativo come la realtà del Centro Comunitario "Oscar Romero" di São Paulo descritta nel presente lavoro, avvertono sempre di più l'educazione come vita *con* gli altri. L'identità stessa dell'educatore si realizza nella responsabilità e nel servizio verso l'altro, come ci ricorda Emmanuel Lévinas[69] quando parla della responsabilità verso il

---

[67] Trad. it. nostra.

[68] Cfr. Milena Santerini, *L'educatore tra professionalità pedagogica e responsabilità sociale*, La Scuola, Brescia 1998, pp.69-77.

[69] Si veda Emmanuel Lévinas *Totalità e infinito*, Jaca Book, Milano 1990.

volto dell'altro: l'altro, diverso da me, mi convoca e costituisce la mia identità.

Per fare questo partiamo da una breve esposizione dell'identità epistemologica e dei paradigmi della pedagogia sociale la cui origine risale a molto tempo prima dell'istituzione delle cattedre nelle diverse Università.

Cercheremo, quindi, di evidenziarne la presenza all'interno del pensiero pedagogico di Paulo Freire e don Bosco. Analizzeremo poi il valore del dialogo nel processo formativo, in particolar modo con riferimento alla filosofia dell'educazione di Freire.

La parte conclusiva è dedicata alle potenzialità dell'educazione non formale[70] come strumento per l'inclusione sociale di tutti. All'interno di questa tipologia di educazione, ricollegandoci all'esperienza sul campo in Brasile, espliciteremo la nostra personale visione dell'educatore in ambito sociale.

Di *Pedagogia Sociale*[71] si inizia a parlare per la prima volta in Germania verso la metà dell'Ottocento ma la prima formalizzazione dell'identità culturale della pedagogia sociale su un piano teoretico/epistemologico si è avuta qualche decennio più tardi in America.

---

[70] Vi sono tre tipi di educazione: l'educazione formale, l'educazione non formale e l'educazione informale. L'educazione non formale è un'attività educativa intrapresa al di fuori del sistema formale e perciò al di fuori della scuola e al di fuori delle attività curricolari.
[71] In questa parte sono sintetizzati e rielaborati alcuni contenuti dell'articolo di Alessia Bartolini, *L'identità epistemologica e paradigmi della pedagogia sociale*, in: "VEGA", n. 3, 2005, da http://www.unipg.it/vega/numero3/bartolini.htm.

Nel corso del Novecento, le mutate condizioni economiche, politiche e sociali internazionali interrogano i saperi pedagogici intorno alle condizioni della società per elaborare proposte educative che promuovano una trasformazione e un miglioramento della realtà stessa. È in questo contesto che Jhon Dewey[72], sottolinea la stretta relazione che intercorre tra i fatti sociali e i fenomeni educativi evidenziando, per di più, la funzione sociale e politica dell'educazione, in quanto "processo di nutrizione, di allevamento, di coltivazione[73]" dell'individuo.

Le istanze della pedagogia sociale, le sue tematiche, le sue connotazioni si possono ritrovare agevolmente in molti autori (pedagogisti e/o filosofi dell'educazione del passato), all'interno delle loro riflessioni (e/o teorie dell'educazione, della scuola), nonché nelle loro concezioni dell'uomo, del bambino, della relazione docente/allievo.

Tuttavia, il dibattito intorno allo statuto epistemologico della pedagogia sociale è tuttora aperto, nel tentativo di definirne campi e metodi di indagine, nonché i rapporti di interrelazione con le altre "scienze dell'educazione".

---

[72] Peculiarità delle teorie deweyane è l'affermazione secondo cui l'uomo è un essere con natura prioritariamente sociale. Ne *Il mio credo pedagogico*, del 1897, Dewey afferma che, "con l'avvento della democrazia e delle moderne condizioni industriali [...] è impossibile preparare il fanciullo ad un ordine preciso di condizioni". Perciò l'educazione - che "[...] deriva dalla partecipazione dell'individuo alla coscienza sociale della specie" -, per svilupparne pienamente la personalità, deve aver presente solo la necessità d'inserire l'educando adeguatamente nei cambiamenti sociali.

[73] Si veda John Dewey *Democrazia e educazione*, La Nuova Italia, Firenze 1968, pp. 13 e seg.

È difficile delineare uno statuto di questa disciplina, cioè precisarne nettamente i linguaggi, i metodi, l'oggetto di studio, il ruolo in modo da differenziare questa scienza dalle altre pedagogie, dalle altre scienze sociali, o più in generale dalle scienze umane. Di fatto quello che caratterizza ogni pedagogia è l'attenzione verso il fenomeno educativo che diviene l'oggetto di studio attraverso il quale si indaga la realtà tutta e viceversa.

Quello che identifica questa particolare accezione del sapere pedagogico è la contemporanea attenzione all'elemento sociale, alle ideologie, alle politiche che in qualche modo condizionano il manifestarsi dell'oggetto di studio, ossia dell'educazione.

Si rivela, tuttavia, molto articolato indagare questo sapere pedagogico in quanto, come afferma Domenico Izzo:

> Gli ambiti di ricerca e di intervento della pedagogia sociale non sono elencabili una volta per tutte. Permanente è soltanto il criterio col quale è possibile riconoscere tali ambiti. L'educazione in funzione sociale con ricerche ed interventi indirizzati a questo scopo. È un vero e proprio agire pedagogico che non si limita alla teorizzazione, alla riflessione o ai buoni propositi. [...] Il ruolo della pedagogia sociale è visto in prospettiva sia nelle istituzioni intenzionalmente educative sia in quelle alternative all'istruzione ufficiale. [...] La pedagogia sociale ha avuto uno sviluppo parallelo ad altre teorie sociali dall'economia al diritto, alla sociologia, alla scienza politica, alla medicina sociale, ecc.. La sua ricerca si estende da problemi specifici della famiglia, della gente e delle comunità alla pedagogia del lavoro, all'educazione degli adulti, alle teorie dell'organizzazione, ecc. Il fatto che le varie discipline offrano quadri di riferimento ad altre discipline fa sì che temi affrontati

---

[74] Domenico Izzo *Manuale di pedagogia sociale*, CLUEB, Bologna 2001, p. 25.

finora isolatamente assumano nuova luce e appaiano nella loro globalità e complessità formativi[74].

La dimensione sociale dell'educazione è sicuramente l'elemento caratterizzante questa disciplina che per altri versi confonde e intreccia i suoi paradigmi con le altre scienze sociale e dell'educazione.

La complessità nel definire le sue connotazioni è in parte legata anche al suo sviluppo come scienza poiché, come ci ricorda Anita Gramigna:

L'evoluzione della pedagogia sociale è segnata storicamente dalle grandi riforme educative nel campo della scuola o, più in generale della collettività, ma anche dall'appassionata militanza di studiosi che si sono contraddistinti per l'attenzione che hanno dedicato alla compagine sociale e politica nei loro risvolti formativi. Fra i grossi personaggi che hanno segnato alcune di queste grandi tappe possiamo ricordare Enrico Pestalozzi, Bogdan Suchodolski, don Giovanni Bosco, Edward Flanagan, don Lorenzo Milani, Danilo Dolci, Paulo Freire, Ivan Illich[75].

Prendiamo ora in esame gli elementi di riflessione circa l'identità epistemologica della pedagogia sociale che possono essere sinteticamente resi dall'incrociarsi di due prospettive: quella storica e quella teorica.

La prospettiva storica[76] offre le seguenti visioni del concetto di pedagogia sociale inteso:

---

[75] Cfr. Anita Gramigna *Manuale di pedagogia sociale. Scenari del presente e azione educativa*, Armando, Roma 2003.
[76] Cfr. Garcìa Garrido *Los fundamentos de la educaciòn social*, Magisterio Espanol, Madrid 1971.

1. in funzione dello spazio dove si sviluppa la società,
2. come la trasmissione dei valori educativi propri di una determinata società,
3. come influenza educativa che la società nel suo insieme esercita sul cittadino,
4. come influenza dei poteri pubblici con fini politici o per la vita sociale.

La prospettiva socio-educativa[77] fornisce una visione diversa della disciplina individuando quattro principali approcci, ossia quattro stadi o indirizzi di studio:

a. la formazione sociale dell'individuo,
b. l'educazione politica dell'individuo,
c. il costrutto teorico dell'azione educativa sociale,
d. una dottrina a fini benefico-assistenziali.

Il primo fa riferimento all'individuo e definisce la pedagogia sociale come scienza sociale dell'individuo il quale ha bisogno di maturare il proprio senso di responsabilità sociale per contribuire al bene comune. Questo primo approccio si basa sul presupposto che l'uomo, in quanto persona, è un soggetto di relazione. La relazionalità non è un fatto accessorio ma costitutivo dell'uomo che, in quanto persona, si realizza nel rapporto con gli altri.

---

[77] Si veda José María Quintana Cabanas *Sociologia de la educaciòn, La ensenanza como sistema social*, Hispano-Europea, Barcellona 1997.

L'educazione ha quindi il compito di sviluppare questa dimensione naturale dell'uomo.

Il secondo ambito della pedagogia sociale la vede come dottrina dell'educazione politica e nazionalistica dell'individuo. Diventa così una sorta di pedagogia civica e politica della gioventù.

Una terza concezione fa riferimento alla società e concepisce la pedagogia sociale come pedagogia della società, come scienza che cerca di guidare la società stessa nella formazione dei suoi membri, senza farne un collettivo uniforme, ma mantenendo e incentivando la pluralità dei soggetti che la compongono, la cui unicità è garanzia di una geografia plurale.

Un quarto approccio si riferisce al recupero del disagio sociale e definisce la pedagogia sociale come pedagogia del disagio, attenta alle condizioni di marginalità e di difficoltà. Questo paradigma accentua l'intervento sia preventivo che di recupero nei casi in cui e venuta a mancare un'idonea socializzazione. È settore che si sta espandendo molto velocemente e abbraccia tutta l'area dell'educazione non formale nell'ambito del così detto terzo settore, quello dei servizi, la cui funzione non deve essere (strettamente) assistenziale ma (soprattutto) educativa per promuovere autenticamente quel processo di socializzazione che permette all'uomo di passare da una condizione di individualità ad una di socialità, inserendosi nel sistema delle relazioni sociali anche attraverso l'acquisizione delle regole e dei valori della comunità alla quale appartiene.

È all'interno di questo quarto approccio che ci sembra corretto collocare la *pedagogia degli oppressi* di Paulo Freire e la pedagogia del *sistema preventivo* di don Bosco in quanto entrambe attente alle condizioni di marginalità e di difficoltà dei soggetti coinvolti nel processo educativo. Queste due pedagogie indagano le emergenze educative in una realtà sociale e si fanno promotrici del cambiamento e del miglioramento della realtà stessa.

Nel contesto attuale riteniamo che la pedagogia sociale, anche utilizzando queste due pedagogie, possa favorire in ciascun individuo simultaneamente l'essere persona e l'essere cittadino del mondo, facendosi promotrice di uno sviluppo sostenibile sia per l'uomo che per la terra che lui stesso abita.

4.1 La pedagogia sociale in Paulo Freire e Don Bosco

Paulo Freire

Ai giovani il nome di Paulo Freire può suonare sconosciuto, ma il nome di quest'uomo intrepido e geniale rimarrà nella storia dei movimenti di liberazione come quello di un pedagogista che si adoperò come pochissimi altri a far sì che le masse diventassero popolo, opinione pubblica consapevole, uomini e donne protagonisti della propria storia.

Le implicazioni sociali dell'educazione sono presenti in tutta la sua opera. L'elemento della militanza, che forse rappresenta il momento discriminante della pedagogia sociale nei confronti delle altre scienze dell'educazione, è stato vissuto e agito dal Nostro come parte integrante del suo modello educativo.

Paulo Freire è stato pedagogista militante in un contesto particolare: quel Nordest del Brasile che, negli anni '60, contava 15 milioni di analfabeti su 25 milioni di abitanti. Ha portato il suo metodo di alfabetizzazione del popolo direttamente nella giungla amazzonica ottenendo risultati straordinari, prima di essere esiliato in Cile dove rimase fino al colpo di Stato del 1973, continuando a riflettere, prima e dopo, sull'importanza dei modelli formativi in un continente da sempre in bilico tra dittature militari e faticose conquiste del regime parlamentare.

La sua pedagogia[78] si propone, attraverso un metodo dialogico, di condurre le masse povere dell'America Latina alla presa di coscienza e all'emancipazione dal dominio coloniale perdurante. I riferimenti culturali del pedagogista brasiliano vanno dalla fenomenologia all'esistenzialismo, dal personalismo al marxismo nella ricerca di una complessa sintesi che deve, innanzitutto, procedere alla "demitizzazione del mondo", poiché solo così gli sfruttati potranno uscire dalla loro indistinzione con il mondo stesso e cominciare a riconoscersi come persone. Gli educandi devono essere condotti a comprendere che la coscienza è "metodo" e, perciò, cammino verso qualcosa che è fuori di lei cui tendere intenzionalmente:

Il sapere esiste solo nell'invenzione, nella reinvenzione, nella ricerca inquieta, impaziente, permanente che gli uomini fanno col mondo e con gli altri. Ricerca che è anche sostanziata di speranza[79].

---

[78] Si veda in Appendice al Capitolo 4, il Documento 1, *Paulo Freire Pedagogista umanista.*

[79] Paulo Freire *La pedagogia degli oppressi* (1971), EGA Editore, Torino 2002, p. 82.

È questa l'educazione "problematizzante", all'interno della quale gli uomini si educano in "comunione" scoprendo il legame tra sapere e fare. Il ruolo dell'educatore è far sì che questi uomini diventino soggetti del loro pensare; il luogo di tale trasformazione è il "Circolo di cultura", dove gli oppressi sono partecipi in modo diretto all'elaborazione pedagogica. Il circolo rappresenta, anche geometricamente, l'equidistanza dal centro: stare in circolo vuol dire porsi sullo stesso piano all'interno della comunità educante, che auto-produce gli strumenti collettivi della conoscenza.

Paulo Freire con la pedagogia degli oppressi ha contribuito ad una filosofia dell'educazione, proveniente non solo dal più classico approccio riferito a Platone, ma anche dai pensatori moderni marxisti e anticolonialisti. Di fatto, in diversi modi la sua "pedagogia degli oppressi" può essere meglio letta come un'estensione o una risposta a *I dannati della Terra* di Frantz Fanon[80], che pose una forte enfasi sulla necessità di fornire i popoli nativi con un'educazione che è, al tempo stesso, nuova e moderna, piuttosto che tradizionale, e anticoloniale, cioè, che non sia semplicemente un'estensione della cultura del colonizzatore. Il suo lavoro è uno dei fondamenti della pedagogia critica.

Principali aspetti della Pedagogia degli oppressi

Freire traccia la mappa di una pedagogia critica volta al riscatto della condizione umana, sociale ed economico-culturale delle masse oppresse.

---

[80] Si veda Frantz Fanon *I dannati della terra*, Einaudi, Torino 2000.

Gli oppressi vivono una situazione di disumanizzazione che li rende *esseri di meno*, reificati. La disumanizzazione è una distorsione della vocazione ontologica dell'uomo ad *essere di più*, una distorsione possibile della storia, ma non una vocazione storica cioè un *destino ineluttabile*: è "il risultato di un ordine ingiusto che genera la violenza degli oppressori",[81] rendendo sia gli oppressori, sia gli oppressi *esseri di meno*.

Questo essere di meno degli oppressi li induce a lottare contro coloro che li hanno resi *di meno*, e tale lotta assume un senso quando gli oppressi, cercando di recuperare la loro umanità, prendono coscienza della situazione di oppressione in cui vivono e si rendono conto che anche gli oppressori, a loro volta, vivono una situazione disumanizzante. *Ecco il grande compito umanista e storico degli oppressi: liberare se stessi e i loro oppressori*[82]. Il problema che si pone, però, è: come possono gli oppressi, che *ospitano* in sé l'oppressore, partecipare all'elaborazione della pedagogia della loro liberazione?

Gli oppressi cominciano ad evolvere quando divengono *esseri per sé*, emergendo come *soggetti* della storia: la liberazione è un parto. Essa è il risultato di un processo che si realizza nel rapporto dialettico degli individui tra loro attraverso la mediazione del mondo, cioè "dentro la storia che essi hanno il compito di fare e trasformare ininterrottamente".[83]

---

[81] Freire, *op. cit.,* p. 28.
[82] Freire, *op. cit.,* p. 29.
[83] Paulo Freire *L'educazione come pratica della libertà*, Mondadori, Milano 1973, p. 44.

L'uomo tende alla propria liberazione perché è costitutivamente un *essere in divenire*, cioè un essere incompleto che avendo coscienza di questa sua condizione aspira a superarla. La coscienza della sua "inconclusione" lo rende consapevole della sua immersione nella storia, dei suoi rapporti *nel* mondo e *col* mondo. Attraverso il suo stare nel mondo e col mondo, l'uomo domina la realtà, la dinamicizza e la umanizza, e, storicizzando gli spazi geografici, genera cultura.[84]

Quella di Freire è una pedagogia fondata sul *dialogo* e sull'unità tra azione e riflessione. Il pedagogista era convinto che non ogni educazione portasse alla liberazione degli oppressi, ma solo quella che sviluppa in se stessi e nell'altro l'attitudine alla ricerca e al senso critico. Soprattutto un educatore non deve creare rapporti di dipendenza, ma proporre un cammino di ricerca sviluppando uno spirito critico.

Educare significa anche comunicare creando le premesse della collaborazione. Questa concezione di educazione è diametralmente opposta a quella "depositaria", la quale, negando il dialogo e basandosi su postulati che richiamano un tipo di rapporto "verticale" che minimizza il potere creatore degli educandi, soddisfa gli interessi degli oppressori. Alla concezione "bancaria" della formazione si sostituisce, quindi, un paradigma dialogico e relazionale che trova il suo punto focale in una orientazione progressiva dell'educando verso l'acquisizione di un modo di essere libero, critico e radicale.

---

[84] Freire, *L'educazione come pratica della libertà op. cit.*, pagg. 49-50.

Don Bosco

Tracce di Pedagogia Sociale ante litteram, nella modalità del quarto approccio della prospettiva socio-educativa ovvero riferita al recupero del disagio sociale, attenta alle condizioni di marginalità e di difficoltà, con un'accentuazione dell'intervento sia preventivo che di recupero, le ritroviamo nella pedagogia del *Sistema Preventivo*[85] di don Bosco.

San Giovanni Bosco fu un educatore eccezionale. La sua acuta intelligenza, il suo senso comune e la sua profonda spiritualità lo guidarono a creare un sistema di educazione che sviluppa tutta la persona – corpo, cuore, mente e spirito - mettendo il ragazzo al centro di tutta l'opera educativa.

Per distinguere il suo metodo dal sistema repressivo di educazione, prevalente nel XIX secolo in Italia, egli ha chiamato il proprio metodo sistema preventivo – perché esso cerca il modo di prevenire la necessità della punizione, collocando il ragazzo in un ambiente in cui egli è incoraggiato a dare il meglio di sé.

Come sottolinea don Pascual Chavez Villanueva:

Per don Bosco il presupposto per un progetto educativo vero e proprio è la sollecitudine per il soddisfacimento dei bisogni fondamentali dei giovani: vitto, vestito, alloggio, sicurezza, lavoro, sviluppo fisico e psichico, inserimento sociale, un minimo di valori. Viene poi - ma i due momenti non sono cronologicamente separabili - l'educazione vera e propria del

---

[85] Per approfondimenti si veda Gianni Ghiglione (a cura di) *Don Bosco: il sistema preventivo*, Elledici, Rivoli (To) 2004.

giovane volta alla promozione ed all'espansione della dimensione cognitiva, affettiva ed etica: competenza decisionale, capacità di responsabilità morale e civile, indispensabile cultura di base e professionale, cosciente e coerente impegno religioso.

Tali scopi sembrano oggi ancora attuali, considerando come, a seguito dalle profonde trasformazioni avvenute nella società, sia in atto un deciso recupero delle valenze assistenziali e sociali del progetto educativo salesiano, come anche di quelle valoriali proprie della sfera affettiva, emotiva, naturale e soprannaturale[86].

Presentiamo a grandi linee la metodologia pedagogica del Sistema Preventivo che è caratterizzata da:

- la volontà di stare tra i giovani condividendo la loro vita, guardando con simpatia il loro mondo, attenti alle loro esigenze e valori;
- l'accoglienza incondizionata che si fa forza promozionale e capacità instancabile di dialogo;
- il criterio preventivo che crede nella forza del bene presente in ogni giovane, anche il più bisognoso, e cerca di svilupparla mediante esperienze positive di bene;
- la centralità della ragione, fatta ragionevolezza delle richieste e delle norme, flessibilità e persuasione nelle proposte; della religione, intesa come sviluppo del senso di Dio insito in ogni persona e sforzo di evangelizzazione cristiana; dell'amorevolezza, che si esprime

---

[86] Si veda quanto esposto da Don Pascual Chavez Villanueva, Rettor Maggiore dei Salesiani di Don Bosco, nella Lectio magistralis per la Laurea Honoris Causa in Scienze Pedagogiche sul tema *Educazione e Cittadinanza. Formare 'salesianamente' il cittadino,* Genova 2007.

come un amore educativo che fa crescere e crea corrispondenza;

- un ambiente positivo intessuto di relazioni personali, vivificato dalla presenza amorosa e solidale, animatrice e attivante degli educatori e del protagonismo degli stessi giovani;

- con uno stile di animazione che crede nelle risorse positive del giovane.

Il sistema preventivo di don Bosco ha preso forma prevalentemente in comunità giovanili di grandi dimensioni: oratori, collegi, scuole. Esso è, quindi, primariamente programma di una *pedagogia d'ambiente*. Nonostante questo, nella prassi e nella mente di don Bosco, esso prevede con altrettanta nettezza che qualsiasi istituzione educativa si modelli sulla forma della *famiglia*, sia pure con differenti tonalità secondo i diversi ambienti.

Lo richiedeva l'essenza del sistema in quanto *preventivo*, fondato sulla triade ragione, religione, amorevolezza. Non c'è amorevolezza - che polarizza metodologicamente ragione e religione -, se non si crea un ambiente sereno ed esemplare, un clima di *famiglia*, che automaticamente comporta anche nella *struttura* una qualche somiglianza con lei. Soltanto in una struttura del genere sembrava potessero fiorire la confidenza tra alunni e «superiori», non più tali ma «padri» e «fratelli», l'affettuosa condivisione di vita tra i giovani, fraterni amici, infine, la solidarietà tra tutti. Per don Bosco la buona famiglia era il fattore dominante del metodo educativo delle sue comunità.[87]

---

[87] Cfr. Pietro Braido *Prevenire non reprimere. Il sistema educativo di don Bosco*, LAS, Roma 2000, p. 305 e sgg.

Possiamo a questo punto affermare che la pedagogia sociale, secondo quanto delineato nel presente capitolo, sia in Paulo Freire che in don Bosco conduce ad un'educazione solidale e dell'impegno, alla costante ricerca delle cause di marginalità e di difficoltà da rimuovere, divenendo così terreno fertile per la formazione umana. Ponendosi anche come supporto, in una visione più ampia, delle scelte politiche e sociali, che hanno alla base la collaborazione e la cooperazione internazionale, lo sviluppo equo, l'integrazione nel mondo moderno.

4.1.1 Il valore del dialogo tra educatore ed educando

Quella di Freire, come abbiamo già evidenziato precedentemente, è una pedagogia fondata sul *dialogo* e sull'unità tra azione e riflessione. Il *dialogo* si identifica con la *parola* che, rivelando le sue dimensioni di azione e di riflessione, assume il significato di *prassi*.

"Con la parola, l'uomo si fa uomo"[88], scrive Ernani Maria Fioril; e il metodo Freire, spesso inteso come semplice metodo di alfabetizzazione, rivela il suo significato più profondo: con la parola l'uomo diventa cosciente della propria condizione umana.
Dire la parola significa imparare a scrivere la propria vita come autore e testimone della propria storia.
Per Freire il dialogo con l'educando crea nuove conoscenze[89]:

---

[88] Ernani Maria Fioril, *Imparare a parlare. Il metodo di alfabetizzazione di Paulo Freire*. Contributo all'approfondimento della pedagogia degli oppressi, in Freire P., *La pedagogia degli oppressi*, EGA Editore, Torino 2002, p. 190.

O diálogo é, em si, criativo e recreativo. [...] Dialogar não é só dizer "Bom dia, como vai?" O diálogo pertence à natureza do ser humano, enquanto ser de comunicação. O diálogo sela o ato de aprender, que nunca é individual, embora tenha uma dimensão individual.[...] o diálogo é uma espécie de postura necessária, na medida em que os seres humanos se transformam cada vez mais em seres criticamente comunicativos. O diálogo é o momento em que os humanos se encontram para refletir sobre sua realidade tal como a fazem e re-fazem. Outra coisa: na me a em que somos seres comunicativos, que nos comunicamos uns com os outros enquanto nos tornamos mais capazes de transformar nossa realidade, somos capazes de saber que sabemos, que é algo mais do que só saber, De certa maneira, por exemplo, os pássaros conhecem as árvores. Eles até se comunicam entre si, usam uma espécie de linguagem oral e simbólica, mas não usam a linguagem escrita. E eles não sabem que sabem – pelo menos até agora, cientificamente, não temos certeza de que eles sabem que sabem. Por outro lado, nós, seres humanos, sabemos que sabemos, e sabemos também que não sabemos. Através do diálogo, refletindo juntos sobre o que sabemos e não sabemos, podemos, a seguir, atuar criticamente para transformar a realidade.

Traduciamo sinteticamente:

Il dialogo cela l'atto di apprendere, che non è individuale, nonostante abbia una dimensione individuale […] il dialogo è una specie di attitudine necessaria, nella misura in cui gli esseri umani si trasformano sempre più in esseri criticamente comunicativi. Il dialogo è il momento in cui gli umani si incontrano per riflettere sopra la loro realtà così com'è e per ricrearla.

Conclude affermando che:

attraverso il dialogo, riflettendo insieme sopra quello che sappiamo e non sappiamo, possiamo, in seguito, attivarci criticamente per trasformare la realtà.

---

89 Si veda Ira Shor, Paulo Freire *Medo e Ousadia – O Cotidiano do Professor*, Paz e Terra, Rio de Janeiro 1986, pp. 14-15.

Il dialogo diviene, quindi, la forza generatrice di conoscenza:

> Non è nel silenzio che gli uomini si fanno, ma nella parola, nel lavoro, nell'azione-riflessione. [...] Il dialogo è questo incontro di uomini, attraverso la mediazione del mondo, per dargli un nome, e quindi non si esaurisce nel rapporto io/tu. [...] Se gli uomini trasformano il mondo dandogli un nome, attraverso la parola, il dialogo si impone come cammino per cui gli uomini acquistano significato in quanto uomini. Perciò il dialogo è un'esigenza esistenziale. E se esso è l'incontro in cui si fanno solidali il riflettere e l'agire dei rispettivi soggetti orientati verso un mondo da trasformare e umanizzare, non si può ridurre all'atto di depositare idee da un soggetto all'altro, e molto meno diventare semplice scambio di idee, come se fossero prodotti di consumo. [...] Non esiste dialogo però, se non esiste un amore profondo per il mondo e per gli uomini. Non è possibile dare un nome al mondo, in un gesto di creazione e ricreazione, se non è l'amore a provocarlo. L'amore, che è fondamento del dialogo, è anch'esso dialogo. [...] Se non amo il mondo, se non amo la vita, se non amo gli uomini, non mi è possibile il dialogo[90].

Il dialogo con se stesso e il dialogo con gli altri uomini è così uno dei vettori che fa muovere tanto la formazione interiore quanto l'educazione sociale. Questa educazione che riguarda l'uomo nel suo "stare" ed "essere" di fronte all'altro uomo e riflette la molteplicità relazionale dell'umano.[91]

Ma se è vero che "nessuno educa nessuno, gli uomini si educano in comunione con la mediazione del mondo" va però precisato, come dovette specificare lo stesso Freire, che quando un educatore dice che è uguale all'educando o è un bugiardo o è un incompetente. L'educatore è differente dall'educando per il solo fatto di essere educatore, poiché non esiste

---

[90] Si veda Paulo Freire *La pedagogia degli oppressi, op. cit.*
[91] Cfr. Gennari M. – Kaiser A. *Prolegomeni alla pedagogia generale,* Bompiani, Milano 2000, p. 67 e p. 13.

educazione non direttiva. Così come non esiste un'educazione neutrale, ogni dimensione educativa è, per sua natura, politica.

Riteniamo che in un'epoca di esplosione delle differenze che, da un lato, enfatizza le rivendicazioni identitarie e, dall'altro, produce omogeneizzazione culturale, la concezione dell'uomo che attraverso il dialogo diventa cosciente della propria condizione umana e della cultura proposta da Freire apre degli squarci di speranza.

4.2 Potenzialità dell'educazione non formale

Gli esseri umani non smettono mai di imparare e maturare. Tutti impariamo cose diverse, in momenti diversi e in diversi ambiti della nostra vita. Molto impariamo dalla scuola, ma non dobbiamo trascurare le numerose opportunità che ci vengono offerte al di fuori del contesto di apprendimento accademico. Tutte le esperienze di apprendimento nella vita contribuiscono alla crescita personale e portano ad una migliore comprensione dell'ambiente in cui si vive, portando anche ad una maggiore partecipazione nella società. Il sistema di istruzione formale (scuola, università, formazione professionale) mira a fornire ai giovani una conoscenza di base da utilizzare per la loro integrazione nella società. Sfortunatamente, in molti casi il sistema di istruzione formale non offre ai giovani, per diverse ragioni, un bagaglio di conoscenze sufficiente per le loro esigenze. Per questo motivo, per il proprio sviluppo personale è necessario disporre di altre fonti. L'istruzione non-formale rappresenta una di queste, in particolare – ma non solo - per giovani con minori opportunità.

Questo paragrafo approfondirà i due metodi di apprendimento, mettendoli a confronto e considerando perché e come l'istruzione non-formale può rappresentare una "seconda chance" per l'inclusione sociale di tutti[92].

In Europa e nel mondo, la maggior parte dei cittadini ha ricevuto nella propria vita una qualche forma di scolarizzazione. Questa istruzione scolastica formale si basa normalmente su una relazione "verticale" tra studente e insegnante: colui che possiede la conoscenza e la trasmette (insegnante) e colui che la riceve (discente). L'insegnante per lo più trasmette le proprie conoscenze sotto forma di corsi e piani di studio. Alla fine del percorso di apprendimento un documento scritto certifica le conoscenze acquisite dallo studente in base a determinati criteri ufficiali. Certificati e diplomi sono spesso necessari come chiavi per aprire le porte del mercato del lavoro e della vita sociale.

L'istruzione non-formale, al contrario, può essere sintetizzata con la formula *"learning by doing"*, ovvero imparare direttamente sul campo. La metodologia di apprendimento consiste nell'interazione tra i discenti e le concrete situazioni di cui fanno esperienza. Generalmente non vi sono insegnanti che impartiscono lezioni ex-cathedra: il discente e l'educatore sviluppano insieme conoscenze e competenze, in una relazione "orizzontale".

---

[92] Per approfondimenti si veda Tom Croft, Veronique Crolla, Benoît Mida-Briot *Social inclusion*, pubblicazione tematica del Consiglio d'Europa 2003.

L'educatore, o facilitatore, può essere più o meno attivo nella costruzione dell'esperienza di apprendimento per il bene del discente. Questo è ciò che accade nei centri socio-educativi[93].

I discenti sono al centro del proprio processo di apprendimento e gli educatori svolgono una funzione di sostegno. Purtroppo, al momento non vi sono strumenti di certificazione per le competenze acquisite con l'apprendimento non-formale. Talvolta si fa confusione tra apprendimento non-formale e informale. Consideriamo "informale" l'apprendimento spontaneo, come avviene nella vita di tutti i giorni; mentre l'apprendimento non-formale è pianificato e ideato da un educatore, formatore o animatore che offre anche sostegno durante l'intero processo di apprendimento.

Numerosi giovani abbandonano il sistema di istruzione formale senza aver portato a termine i propri studi o aver acquisito una qualifica. I giovani che abbandonano la scuola precocemente o coloro che si trovano nella società in situazioni precarie possono trarre vantaggio dall'istruzione non formale come seconda opportunità di forte impatto per la loro vita.

Questo approccio educativo deve essere meditato con attenzione, preparato e realizzato con la partecipazione attiva dei giovani stessi. Inoltre, il suo utilizzo deve essere coerente con la vita dei giovani: innanzi tutto è necessario tenere in considerazione la storia delle persone, e poi fare in modo che i risultati

---

[93] Si veda al capitolo 2 il progetto *Ser pessoa/Essere persona* realizzato nel centro socioeducativo Santa Lucia.

portino ad un ulteriore passo nel percorso verso l'inclusione sociale.

L'istruzione non-formale può portare i giovani con minori opportunità a creare da soli i loro progetti, passo dopo passo, in cui essi sono al centro dell'attività educativa, si sentono responsabili, mettono in gioco interessi personali, trovano una motivazione forte, sviluppano la propria autostima e, come risultato, accrescono le proprie capacità e competenze nel lavoro pratico. Tuttavia, l'istruzione non-formale funziona solamente se correttamente implementata e monitorata. Ciò non può avvenire in un giorno, ma richiede tempo per conoscersi e costruire una relazione basata sulla fiducia, utilizzando metodi studiati per i singoli casi. Potrebbe anche essere utile mettersi in rete con persone che conoscono o hanno lavorato in precedenza con il giovane.

Un altro aspetto interessante dell'utilizzo dell'istruzione non-formale con i giovani con minori opportunità è che i beneficiari possono in seguito all'esperienza fatta divenire moltiplicatori, trasformandosi in "coetanei con maggiore esperienza" rispetto ai propri amici, e in tal modo motivarli e sostenerli in maniera "orizzontale". Questa è la cosiddetta "educazione tra pari", che si basa sulla condivisione delle proprie esperienze e l'offerta di sostegno ad altri che vivono esperienze simili.

L'istruzione non-formale potrebbe rappresentare uno strumento per l'inclusione di tutti, in particolare coloro che non sono stati fortunati con il sistema di istruzione formale. Tuttavia, gli educatori e gli operatori sociali devono essere consapevoli che la loro azione deve essere implementata in un contesto di ampio respiro e non deve pertanto rappresentare un obiettivo in sé stesso. Presuppone inoltre la soddisfazione delle esigenze primarie dei beneficiari: è difficile iniziare a lavorare con i giovani al loro sviluppo personale se essi non hanno un tetto sotto cui dormire o qualcosa da mangiare!

Questo tipo di educazione alternativa, a nostro avviso, può rappresentare una seconda chance per la reintegrazione sociale dei giovani con minori opportunità.

4.2.1 L'educatore come agente di promozione umana

La parte conclusiva del presente capitolo è per noi l'occasione per esplicitare la nostra personale immagine di educatore ideale. Noi crediamo che fare l'educatore non è una professione ma una vocazione. E come tutte le vocazioni nasce da un grande amore, da una grande speranza. Parliamo di vocazione basando questa ipotesi su alcuni studi fatti e riportati da Alvin Gouldner[94] che mostrano che una significativa percentuale delle persone che si immergono e rimangono coinvolte in attività nel campo delle scienze sociali avevano pensato, in qualche momento della loro vita, di seguire una vocazione religiosa.

L'esperienza della conoscenza, per noi, è amorosa e piacevole. Condividiamo con Rubem

---

[94] Si veda Alvin Gouldner *The coming crisis of western sociology*, Avon Books, New York 1971, p. 24.

Alves[95] l'immagine di un educatore che ama insegnare ovvero *que gosta de ensinar*:

Gli educatori sono come i vecchi alberi. Possiedono una faccia, un nome, una "storia" da raccontare. Abitano un mondo nel quale ciò che conta è la relazione che li unisce agli alunni, dove ogni alunno è una "entità sui generis ", portatore di un nome, anche di una "storia", che soffre tristezze e nutre speranze. E l'educatore è qualcosa che deve succedere in questo spazio invisibile e denso, che si stabilisce nel rapporto a due. Spazio artigianale. [...] L' educatore, per lo meno quello ideale che la mia immaginazione ha costruito, abita un mondo nel quale l'interiorità conta ancora; nel quale le persone si definiscono dalle loro unioni, passioni, speranze e orizzonti utopici. [...] Un educatore è un fondatore di mondi, mediatore di speranze, pastore di progetti[96].

Educare è mostrare la vita a chi ancora non l'ha vista. L'educatore dice: Guarda! E così dicendo mostra. L'alunno guarda nella direzione indicata e vede ciò che non aveva ancora mai visto. Il suo mondo si espande e lui diventa più ricco interiormente, e diventando più ricco interiormente, può provare più gioia e dare più gioia, che sono le ragioni per le quali viviamo. Il miracolo dell'educazione avviene quando vediamo un mondo che non si era mai visto.

L'atto educativo per noi è come un tocco per provocare l'altro a far suonare la sua musica. Questa è la teoria socratica dell'educazione. Socrate diceva che

---

[95] *Rubem Alves* è nato nella città di boa Esperança (Brasile) nel 1933. Pastore della Chiesa Presbiteriana, ha coniato il termine "teologia della liberazione". Psicoanalista, pedagogo, sociologo e poeta, ama definirsi "compositore di favole" e "cronista di storie". E' autore di decine di libri di favole, di saggi e di narrativa. È uno degli intellettuali più famosi e rispettati del Brasile. Sito personale http://www.rubemalves.com.br/.

[96] Cfr. Rubem Alves, *Conversas com quem gosta de Ensinar*, Cortez Editora, 1980, pp. 13-27. Trad. it. nostra.

tutti noi siamo gravidi di bellezza e che il compito dell'educatore, come nella storia della *Bella Addormentata*, è dare il bacio per svegliare un'intelligenza addormentata.

L'apprendimento è innanzitutto un processo logico ed intellettuale, ma anche un processo profondamente affettivo e sociale configurabile come un atto d'amore e l'amore è il successo dell'intelligenza. Ma senza amore tutta la conoscenza rimane addormentata, inerte, impotente.

Lo strumento utilizzato dall'educatore per svegliare l'intelligenza addormentata è la parola. Egli sa che la parola ha un potere creativo e che da questa credenza dipende il suo potere di svegliare. Con la parola, perché l'educatore parla. Questo è il processo magico della parola che risveglia a cui diamo il nome di educazione.

Detto questo è evidente che la figura dell'educatore/educatrice coinvolti in questo processo dialogico è complessa e sfaccettata. L'immaginario aiuta a pensare questo ruolo difficile, asimmetrico, di chi sostiene e insieme attira, accompagna e allo stesso tempo guida, in cui la differenza non si valuta in base allo status (essere «superiore» *all'altro*), ma secondo la capacità di anticipare, progettare, pensare *per l'altro*.

Forse nel nostro immaginario c'è la figura dell'educatore *carismatico*, che costruisce la relazione sulla personalità e sul suo dare senso alle situazioni. Non si tratta di trascurare metodi e strumenti, bensì di utilizzarli nei diversi contesti maturando una capacità interpretativa dell'altro, dei suoi bisogni, delle sue domande. Questo educatore utilizza soprattutto la sua personalità, la sua competenza critica e comunicativa come «strumento» per mettersi in rapporto con la vita degli altri. Anziché pretendere di impadronirsi di metodologie preconfezionate, questi educatori comunicano ciò che *sono* per aiutare bambini e adulti a dare significato al mondo: solo in questo modo potranno affrontare un comportamento difficile da inquadrare, la trasgressione, le situazioni di estremo disagio. Questo educatore deve *essere* per affrontare lo straordinario, l'insolito e la diversità individuale che ogni persona esprime.

Noi crediamo che per fare questo, cioè per «essere» prima ancora che «agire», deve sedurre gli altri, suggestionarli ed attirarli a sé perché l'atto di apprendere avviene in risposta ad un desiderio. Nessuna relazione umana è esente da affettività, e ogni rapporto educativo è carico di emozioni e proiezioni. Gli educatori, quindi, attirano, seducono e sono sedotti, amando e chiedendo amore. Nel gioco del desiderio, però, entra il rispetto per l'altro e soprattutto la costruzione della sua libertà. La seduzione non dovrà mai condurre l'altro – inconsapevole – dove noi vogliamo, ma solo accettare che nella relazione educativa giochino sentimenti, affetti ed emozioni. Di tali implicazioni del desiderio, anzi, l'altro deve divenire sempre più cosciente, fino a saper «difendersi», se necessario, dalle nostre seduzioni.

Il desiderio, la creatività e l'affettività nella relazione educativa caratterizzano soprattutto i centri di educazione non formale, come il *Centro Comunitário "Oscar Romero"* di São Paulo (Brasile), determinando quello stretto legame fra impegno educativo e sociale che ha poi un'incidenza diretta anche sulla scuola pubblica, grazie all'applicazione di tanti educatori portatori del più avanzato pensiero pedagogico latinoamericano impregnato di profonda umanità sociale. La competenza professionale e la responsabilità sociale dimostrata dagli educatori nell'affrontare le emergenze educative con i *meninos de rua* si nutre dei fondamenti della *pedagogia degli oppressi* di Paulo Freire e della pedagogia del *sistema preventivo* di don Bosco.

Confrontandoci con gli altri educatori che operano in contesti di svantaggio socio-culturale abbiamo imparato che la conoscenza di tutti i libri del mondo non basta per educare[97], nel senso di *èdùcère*, trarre fuori, allevare questi particolari allievi.

Consapevoli che ogni persona, ogni comunità, per quanto povera, rappresenta una ricchezza e presenta un "patrimonio". Abbiamo imparato a valorizzare e a rafforzare ciò che le persone hanno costruito, la loro storia, le relazioni esistenti, cioè quel tessuto sociale e quell'insieme di esperienze che costituiscono il loro patrimonio di vita. Abbiamo imparato a lavorare a partire dalle risorse piuttosto che dalle mancanze. Si tratta di un punto operativo fondamentale, che nasce da un approccio positivo alla

---

[97] Educare, v. tr. (*io èduco, tu èduchi, ecc.;* poet. *Edùco, ecc.*). 1. sviluppare le facoltà intellettuali, fisiche e morali, spec. dei giovani, secondo determinati principi; 2. assuefare, avvezzare a qualcosa con un fine determinato; 3. (Poetico) coltivare, far crescere: *a te cantando / nel suo povero tetto educò un lauro / con lungo amore, e t'appendea corone* (Foscolo *Sep. Vv.54-56*). Dal latino [sec. XIV] *èducàre*, intensivo di *èdùcère* 'trarre fuori, allevare', composto di *ex* 'fuori' e *dùcère* 'trarre'." Voce del *Dizionario Garzanti della Lingua Italiana*, Milano, Aldo Garzanti editore, 1990, pag. 589.

realtà e che fa capire alla persona il suo valore, la sua dignità, e nel contempo l'aiuta ad assumere una responsabilità.

Tutti i gesti del quotidiano sono dentro un'intenzionalità educativa perché comunicano sempre qualcosa di più di quello che realizzano; nell'occuparsi di un bambino e nel modo in cui lo si fa, è come se gli si dicesse *" tu sei importante per me, tu hai valore"*, si trasmette cioè che la vita vale la pena di essere vissuta.

Questa intenzionalità educativa comporta l'assunzione di responsabilità sociale da parte dell'educatore che agisce il processo educativo poiché, come rileva Renza Cerri:

Attraverso l'impegno associativo ci si libera dall'eccezionalità dei gesti per accedere piuttosto alla loro quotidianità. Una quotidianità che si rigenera attraverso le occasioni formative offerte dall'esperienza associativa, quale luogo in cui ci si educa al tempo, alla parola, alla comunità, ma anche, direttamente, attraverso essa stessa in quanto *esperienza*, trama quotidiana di un progetto di vita che, nel "fare" la persona, anima la società e la cultura che la esprime[98]".

Il coinvolgimento etico, quindi, si evidenzia già nella creazione di un percorso educativo che ponga al centro la dignità e l'autonomia della persona aiutandola a realizzarsi come individuo e come soggetto sociale. Senza mai dimenticare che ogni esperienza di apprendimento inizia con un'esperienza affettiva che si esperisce nella relazione quotidiana con gli allievi vivendo e agendo il *" tu sei importante per me, tu hai valore"*.

---

[98] Si veda in proposito Renza Cerri *Dimensioni della didattica. Tra progettualità e riflessione*, Vita e Pensiero, Milano 2002, p. 57.

Questa relazione significa disponibilità al dialogo, al confronto con l'alterità e allo scambio reciproco di vissuti, di pensieri, di narrazioni e di emozioni. È un cammino che richiede apertura al rischio e all'avventura dello spirito, ma ne vale la pena, perché ogni volta che impariamo qualcosa di nuovo, noi stessi diventiamo qualcosa di nuovo.

Conclusioni

Se durassimo in eterno
Tutto cambierebbe
Dato che siamo mortali
Molto rimane come prima.

Fossemos infinitos
Tudo mudaria
Como somos finitos
Muito permanece.

Bertolt Brecht

Giunti alla conclusione di questa ricerca che intreccia costantemente la prassi didattica con la teoria pedagogica all'interno di contesti di svantaggio socio culturale, riteniamo doveroso una riflessione sulle ragioni dell'esistenza di queste "vite di scarto"[99].

I bambini di strada sono "l'ultimo anello" della catena della società dello sviluppo; essi riflettono senza mediazione le perversioni del sistema: non sono funzionali al mercato, non rappresentano una classe sociale, hanno perso il riferimento familiare come modello da imitare, creano problemi d'immagine in una società che sull'immagine basa il suo consenso, svelano l'abuso delle sostanze stupefacenti come difesa ad un mondo d'esclusione. I bambini di strada sono in definitiva un semplice, definitivo e incosciente atto d'accusa contro la società dell'*homo economicus*[100].

---

[99] Si veda Zygmunt Bauman *Vite di scarto*, Laterza, Bari 2007.
[100] *Homo economicus* è un concetto fondamentale della teoria economica neoclassica: si tratta, in generale, di un uomo le cui principali caratteristiche sono la razionalità (intesa in un senso

Un sociologo della portata di Zygmunt Bauman ci dice che la modernizzazione è la più prolifica e meno controllata linea di produzione di rifiuti e di esseri umani di scarto. La sua diffusione globale ha sprigionato e messo in moto quantità enormi e sempre crescenti di persone private dei loro modi e mezzi di sopravvivenza. I reietti, i rifugiati, gli sfollati, i richiedenti asilo sono i rifiuti della globalizzazione.

È il fondamentale punto di osservazione di uno studioso attento più di ogni altro alle "conseguenze sulle persone" della globalizzazione:

> Un fantasma si aggira fra gli abitanti del mondo liquido-moderno e fra tutte le loro fatiche e creazioni: il fantasma dell'esubero. La modernità liquida è una civiltà dell'eccesso, dell'esubero, dello scarto e dello smaltimento dei rifiuti[101].

Infatti, la cultura liquido-moderna rifiuta la memoria e la fatica connessa al suo recupero e alla sua custodia, optando per il disimpegno e la molto più facile dimenticanza; come logico, avendo bisogno di inanellare rapidamente novità e discontinuità.

Essere moderni significa stare perennemente in movimento; e scartare, giustappunto, i progetti non andati in porto e gli oggetti falliti, abortiti o superati.

Nel pianeta "saturato" dal progresso economico, i rifiuti rappresentano l'elemento distintivo della globalizzazione. E poco importa se nel rapidissimo consumo di ogni cosa, vengono gettati altri esseri umani: tutto ciò che ostacola la corsa

---

precipuo, soprattutto come precisione nel calcolo) e l'interesse esclusivo per la cura dei suoi propri interessi individuali.
[101] Bauman, *op. cit.*, p. 120.

incessante della crescita economica costituisce un ostacolo da rimuovere obbligatoriamente.

Per Bauman il modello del libero mercato, modello dominante la società postmoderna biodegradabile[102] è luogo di produzione di rifiuti e di esseri umani di scarto. I rifiuti contemporanei sono persone private dei loro modi e mezzi di sopravvivenza. La modernità, in quanto progettazione delle forme della comunità umana, è luogo di scarti umani, quelli che mal si adattano al modello progettato.

Ecco perché la società considera i bambini di strada "socialmente indesiderabili", un fattore da rimuovere, spesso con veri e propri atti di "pulizia sociale".

I bambini di strada sono, insieme ai bambini soldato, ai bambini lavoratori, ai bambini schiavi e ai bambini violentati dentro e fuori le mura domestiche, i rappresentanti di un'infanzia negata.

La loro visibilità, la loro determinazione ad occupare lo spazio pubblico è una sfida continua all'immagine sociale, è una contraddizione lacerante che non può essere nascosta.

L'assenza pressoché totale delle istituzioni pubbliche demanda alla società civile il compito di creare un ponte tra i bambini di strada e la società.

L'esperienza, riportata in questa ricerca, del lavoro svolto da trent'anni al Centro Comunitario Oscar Romero di São Paulo (Brasile) con i *meninos de rua* restituisce, a nostro avviso, uno spaccato di

---

una comunità che si assume la responsabilità dei "suoi" figli.

Abbiamo cercato nel capitolo 4 di evidenziare come l'esperienza dei salesiani brasiliani si è posta come crocevia tra il sistema preventivo di don Bosco e la pedagogia degli oppressi di Paulo Freire, in una originale sintesi di tradizione europea e cultura pedagogica locale, dando vita ad una comunità che non è forzato definire "pedagogica" .

All'interno di questa comunità educante l'educatore deve avere la disposizione giusta per lavorare e saper anche donare il proprio tempo, mettendo in secondo piano, se necessario, il puntuale svolgimento delle attività programmate, privilegiando lo sforzo per far sì che il giovane si senta realmente accolto all'interno di una seconda "famiglia", dove possa trovare spazi di espressione e autoaffermazione.

Allo stesso tempo è richiesta una grande flessibilità e spirito di adattamento, insieme ad una spiccata capacità di ascolto, che privilegia la comunicazione come momento centrale dell'azione educativa, che è il cuore del pensiero pedagogico di Paulo Freire e don Bosco.
Anche quando il ragazzo sbaglia e deve essere corretto; non è sufficiente riprenderlo e punirlo, mostrare dove sta l'errore, ma è indispensabile indicare un'alternativa percorribile, perché il dialogo e la comprensione non possono mai mancare nel rapporto che si viene a creare, sicuramente prioritario rispetto alle conoscenze che effettivamente si riescono a trasmettere.

Dal Brasile abbiamo maturato una visione della figura dell'educatore come di colui che, all'interno di molteplici legami che intrecciano la sua vita con quella degli altri, si fa carico per primo di una ricerca di significato, analisi, comprensione dei fatti, della realtà nella sua complessità. Come di colui che aiuta le persone a dare un senso alla loro vita, alla loro storia, alle relazioni educative, ai progetti e che con la sua azione realizza un incremento di significato, crea e aggiunge senso alla situazione educativa. Propone significati e attraverso essi, un cambiamento della persona e della realtà sociale, attraverso la persona educata.

Le tematiche affrontate in questa ricerca sono state molteplici, e purtroppo, non abbiamo potuto sempre approfondirle. Nel concludere vorremmo sottolineare che non a caso questa ricerca prende l'avvio dall'analisi della situazione dei *ragazzi di strada* a livello mondiale, e fa riferimento al rapporto UNICEF *La Condizione dell'infanzia nel mondo 2006 - Esclusi e invisibili*, per ricordarci quanto questo fenomeno sia parte della società contemporanea senza esclusione di territorio[103]. Questo per dire che anche in Italia dobbiamo attrezzarci metodologicamente ad affrontare questa realtà, basta pensare ai ragazzi della periferia di Napoli, del quartiere Zen di Palermo, di Bari, i piccoli lavavetri rumeni, i ragazzi che vivono nelle baracche lungo i fiumi Aniene e Reno, e tanti altri, per citare i casi che emergono dal silenzio, attraverso la cronaca giornalistica.

Manca ancora infatti, la conoscenza e coscienza di un fenomeno che ci coinvolge e di cui non sappiamo le vere dimensioni. Tutti noi educatori

---

[103] Si veda Renato Chiera *In strada, i bambini non sono problemi ma soluzione*, Editrice Esperienze, Cuneo 2007.

siamo chiamati ad affrontare queste drammatiche nuove realtà emergenti sul territorio italiano.

Possiamo essere però molto più competenti ad affrontare la situazione se volgiamo lo sguardo a tutti quei gruppi e associazioni che in tutta l'America Latina operano, spesso con scarsità di mezzi, in realtà di svantaggio socio-culturale. La loro esperienza in questi anni ha dimostrato che solo partendo dalla considerazione che i bambini di strada devono essere ascoltati e compresi e non "integrati o puniti", si potrà percorrere un cammino di trasformazione che parta dalla condizione del bambino per investire tutta la società.

La trasformazione di questa tragica realtà sociale ha le radici nella speranza che viene accolta e fatta crescere nel lavoro assiduo, generoso, commovente di religiosi/e e laici, che promuovono ostinatamente la vita degli ultimi: nelle comunità cristiane, nei centri di accoglienza, nelle scuole dell'infanzia, nelle infinite iniziative di uomini e donne di buona volontà, veri eroi di una storia senza notizia. Come padre Renato Chiera[104], che ha creato il "Centro do Menor", alla periferia di Rio; un villaggio di una decina di case che raccoglie i meninos de rua. Tutti figli di famiglie allo sfascio. Tutti provenienti da "spezzoni di famiglie". Tutti dalla strada, che è un'altra casa. Tutti da una vita subitamente umiliata dalla violenza e dall'indifferenza dei grandi.

Ma lì la speranza vive ed è visibile quando
gli aquiloni[105], lanciati nel cielo da mani di adulti o di bambini, nei giorni ventilati, continuano a dipingere il cielo di

---

[104] Si veda Renato Chiera *Meninos de rua*, Piemme, Torino 1994.
[105] In Brasile uno dei giochi più amati dai bambini è il gioco della "pipa", dell'aquilone, che la maggior parte di loro è in grado di

colori vivaci e a gridare che la vita e la voglia di vivere dovranno vincere, nonostante tutto. E qui tanti guardano il cielo, per loro più bello della terra, e sognano...Sognare non costa niente e fa bene [106].

E noi crediamo fermamente che quando sogniamo da soli resta un sogno, quando sogniamo insieme possiamo trasformarlo in realtà.

pilotare con gran destrezza ed agilità. Nelle favelas, i bambini di 5/6 anni, usano il gioco dell'aquilone per segnalare l'arrivo della polizia ai gruppi che trafficano droga. In loro c'è la volontà di giocare, anche se è un modo di giocare distorto, che riflette il loro modo di vivere in strada.
[106] Chiera, *op. cit.*, p. 20.

1. Carta dei valori del volontariato

Principi fondanti

1. **Volontario è la persona** che, adempiuti i doveri di ogni cittadino, mette a disposizione il proprio tempo e le proprie capacità per gli altri, per la comunità di appartenenza o per l'umanità intera. Egli opera in modo libero e gratuito promuovendo risposte creative ed efficaci ai bisogni dei destinatari della propria azione o contribuendo alla realizzazione dei beni comuni.

2. **I volontari esplicano la loro azione** in forma individuale, in aggregazioni informali, in organizzazioni strutturate; pur attingendo, quanto a motivazioni, a radici culturali e/o religiose diverse, essi hanno in comune la passione per la causa degli esseri umani e per la costruzione di un mondo migliore.

3. **Il volontariato è azione gratuita.** La gratuità è l'elemento distintivo dell'agire volontario e lo rende originale rispetto ad altre componenti del terzo settore e ad altre forme di impegno civile. Ciò comporta assenza di guadagno economico, libertà da ogni forma di potere e rinuncia ai vantaggi diretti e indiretti. In questo modo diviene testimonianza credibile di libertà rispetto alle logiche dell'individualismo, dell'utilitarismo economico e rifiuta i modelli di società centrati esclusivamente sull'"avere" e sul consumismo.

I volontari traggono dalla propria esperienza di dono motivi di arricchimento sul piano interiore e sul piano delle abilità relazionali.

4. Il volontariato è, in tutte le sue forme e manifestazioni, espressione **del valore della relazione e della condivisione** con l'altro. Al centro del suo agire ci sono le persone considerate nella loro dignità umana, nella loro integrità e nel contesto delle relazioni familiari, sociali e culturali in cui vivono. Pertanto considera ogni persona titolare di diritti di cittadinanza, promuove la conoscenza degli stessi e ne tutela l'esercizio concreto e consapevole, favorendo la partecipazione di tutti allo sviluppo civile della società.

5. Il volontariato è **scuola di solidarietà** in quanto concorre alla formazione dell'uomo solidale e di cittadini responsabili. Propone a tutti di farsi carico, ciascuno per le proprie competenze, tanto dei problemi locali quanto di quelli globali e, attraverso la partecipazione, di portare un contributo al cambiamento sociale. In tal modo il volontariato produce legami, beni relazionali, rapporti fiduciari e cooperazione tra soggetti e organizzazioni concorrendo ad accrescere e valorizzare il capitale sociale del contesto in cui opera.

6. Il volontariato è **esperienza di solidarietà e pratica di sussidiarietà:** opera per la crescita della comunità locale, nazionale e internazionale, per il sostegno dei suoi membri più deboli o in stato di disagio e per il

superamento delle situazioni di degrado. Solidale è ogni azione che consente la fruizione dei diritti, la qualità della vita per tutti, il superamento di comportamenti discriminatori e di svantaggi di tipo economico e sociale, la valorizzazione delle culture, dell'ambiente e del territorio. Nel volontariato **la solidarietà si fonda sulla giustizia.**

7. Il volontariato è **responsabile partecipazione e pratica di cittadinanza solidale** in quanto si impegna per rimuovere le cause delle diseguaglianze economiche, culturali, sociali, religiose e politiche e concorre all'allargamento, tutela e fruizione dei beni comuni. Non si ferma all'opera di denuncia ma avanza proposte e progetti coinvolgendo quanto più possibile la popolazione nella costruzione di una società più vivibile.

8. Il volontariato ha una **funzione culturale** ponendosi come coscienza critica e punto di diffusione dei valori della pace, della non violenza, della libertà, della legalità, della tolleranza e facendosi promotore, innanzitutto con la propria testimonianza, di stili di vita caratterizzati dal senso della responsabilità, dell'accoglienza, della solidarietà e della giustizia sociale. Si impegna perché tali valori diventino patrimonio comune di tutti e delle istituzioni.

9. Il volontariato svolge un **ruolo politico:** partecipa attivamente ai processi della vita sociale favorendo la crescita del sistema

democratico; soprattutto con le sue
organizzazioni sollecita la conoscenza e il
rispetto dei diritti, rileva i bisogni e i fattori di
emarginazione e degrado, propone idee e
progetti, individua e sperimenta soluzioni e
servizi, concorre a programmare e a valutare
le politiche sociali **in pari dignità con le
istituzioni pubbliche** cui spetta la
responsabilità primaria della risposta ai diritti
delle persone.

Atteggiamenti e ruoli
a) I volontari

10. I volontari sono chiamati a vivere la propria
    esperienza **in modo coerente con i valori e i
    principi che fondano l'agire volontario.** La
    dimensione dell'essere è per il volontario
    ancora più importante di quella del fare.

11. I volontari nell'esercitare il diritto-dovere di
    cittadinanza costituiscono **un patrimonio da
    promuovere e da valorizzare,** sia da parte
    delle istituzioni che delle organizzazioni che li
    impegnano. Pertanto esse devono rispettarne
    lo spirito, le modalità operative, l'autonomia
    organizzativa e la creatività.

12. I volontari sono tenuti a **conoscere fini,
    obiettivi, struttura e programmi**
    dell'organismo in cui operano e partecipano,
    secondo le loro possibilità, alla vita e alla
    gestione di questo nel pieno rispetto delle
    regole stabilite e delle responsabilità.

13. I volontari **svolgono i loro compiti** con
    competenza, responsabilità, valorizzazione del

lavoro di équipe e accettazione della verifica costante del proprio operato. Essi garantiscono, nei limiti della propria disponibilità, continuità di impegno e portano a compimento le azioni intraprese.

14. I volontari **si impegnano a formarsi** con costanza e serietà, consapevoli delle responsabilità che si assumono soprattutto nei confronti dei destinatari diretti dei loro interventi. Essi ricevono dall'organizzazione in cui operano il sostegno e la formazione necessari per la loro crescita e per l'attuazione dei compiti di cui sono responsabili.

15. I volontari **riconoscono, rispettano e difendono la dignità delle persone** che incontrano e si impegnano a mantenere una totale riservatezza rispetto alle informazioni e alle situazioni di cui vengono a conoscenza. Nella relazione di aiuto essi attuano un accompagnamento riservato e discreto, non impositivo, reciprocamente arricchente, disponibile ad affiancare l'altro senza volerlo condizionare o sostituirvisi. I volontari valorizzano la capacità di ciascuno di essere attivo e responsabile protagonista della propria storia.

16. I volontari impegnati nei servizi pubblici e in organizzazioni di terzo settore, costituiscono una **presenza preziosa** se testimoniano un "camminare insieme" con altre competenze e profili professionali in un rapporto di complementarietà e di mutua collaborazione. Essi costituiscono una **risorsa valoriale** nella

misura in cui rafforzano le motivazioni ideali, le capacità relazionali e il legame al territorio dell'organizzazione in cui operano.

17. I volontari ricevono dall'organismo di appartenenza o dall'Ente in cui prestano servizio **copertura assicurativa** per i danni che subiscono e per quelli economici e morali che potrebbero causare a terzi nello svolgimento della loro attività di volontariato. Per il principio della gratuità i volontari possono richiedere e ottenere esclusivamente il **rimborso delle spese realmente sostenute** per l'attività di volontariato svolta.

b) Le organizzazioni di volontariato

18. Le organizzazioni di volontariato **si ispirano ai principi della partecipazione democratica** promuovendo e valorizzando il contributo ideale e operativo di ogni aderente. È compito dell'organizzazione riconoscere e alimentare la motivazione dei volontari attraverso un lavoro di inserimento, affiancamento e una costante attività di sostegno e supervisione.

19. Le organizzazioni di volontariato **perseguono l'innovazione socio-culturale** a partire dalle condizioni e dai problemi esistenti. Pertanto propongono idee e progetti, rischiando e sperimentando interventi per conto della comunità in cui operano. Evitano in ogni caso di produrre percorsi separati o segreganti e operano per il miglioramento dei servizi per tutti.

20. Le organizzazioni di volontariato **collaborano con le realtà e le istituzioni locali, nazionali e internazionali,** mettendo in comune le risorse, valorizzando le competenze e condividendo gli obiettivi. Promuovono connessioni e alleanze con altri organismi e partecipano a coordinamenti e consulte per elaborare strategie, linee di intervento e proposte socio-culturali. Evitano altresì di farsi carico della gestione stabile di servizi che altri soggetti possono realizzare meglio.

21. Le organizzazioni di volontariato svolgono un preciso ruolo politico e di impegno civico anche **partecipando alla programmazione e alla valutazione delle politiche sociali** e del territorio. Nel rapporto con le istituzioni pubbliche le organizzazioni di volontariato rifiutano un ruolo di supplenza e non rinunciano alla propria autonomia in cambio di sostegno economico e politico. Non si prestano ad una delega passiva che chieda di nascondere o di allontanare marginalità e devianze che esigono risposte anche politiche e non solo interventi assistenziali e di primo aiuto.

22. Le organizzazioni di volontariato devono principalmente il loro sviluppo e la qualità del loro intervento alla capacità di **coinvolgere e formare nuove presenze, comprese quelle di alto profilo professionale.** La formazione accompagna l'intero percorso dei volontari e ne sostiene costantemente l'azione, aiutandoli a maturare le proprie motivazioni, fornendo

strumenti per la conoscenza delle cause dell'ingiustizia sociale e dei problemi del territorio, attrezzandoli di competenze specifiche per il lavoro e la valutazione dei risultati.

23. Le organizzazioni di volontariato sono tenute a **fare propria una cultura della comunicazione** intesa come strumento di relazione, di promozione culturale e di cambiamento, attraverso cui sensibilizzano l'opinione pubblica e favoriscono la costruzione di rapporti e sinergie a tutti i livelli. Coltivano e diffondono la comunicazione con ogni strumento privilegiando - dove è possibile - la rete informatica per migliorare l'accesso alle informazioni, ai diritti dei cittadini, alle risorse disponibili. Le organizzazioni di volontariato interagiscono con il mondo dei mass media e dei suoi operatori perché informino in modo corretto ed esaustivo sui temi sociali e culturali di cui si occupano.

24. Le organizzazioni di volontariato **ritengono essenziale la legalità e la trasparenza** in tutta la loro attività e particolarmente nella raccolta e nell'uso corretto dei fondi e nella formazione dei bilanci. Sono disponibili a sottoporsi a verifica e controllo, anche in relazione all'organizzazione interna. Per esse trasparenza significa apertura all'esterno e disponibilità alla verifica della coerenza tra l'agire quotidiano e i principi enunciati.